[illegible] DES ÉCOLES CHRÉTIENNES

OU

LE VÉNÉRABLE

[illegible] LA SALLE

SES OUVRAGES

ET

SES DISCIPLES

PAR L'ABBÉ GEX

[illegible]

ANNECY

[illegible]

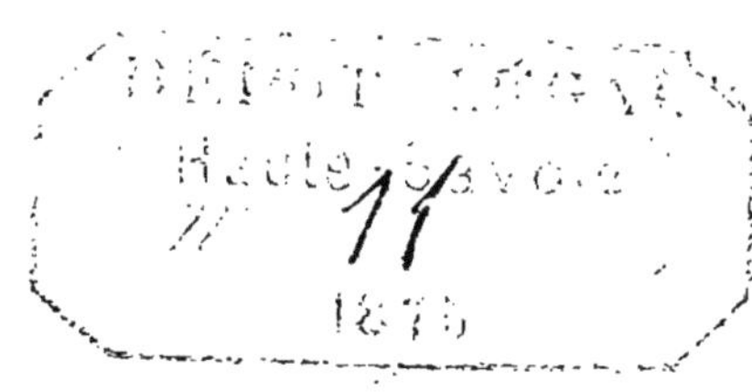

INSTITUT DES ÉCOLES CHRÉTIENNES

OU

LE VÉNÉRABLE

DE LA SALLE

APPROBATION.

La lecture de l'opuscule intitulé : *Institut des Écoles chrétiennes ou le Vénérable de La Salle, ses ouvrages et ses disciples*, est attachante et instructive. Elle offre aux instituteurs des modèles et des leçons qui leur feront aimer leur état et adouciront les peines attachées à leurs honorables travaux.

De leur côté, les élèves tireront de cette lecture un grand profit. En voyant l'intérêt porté, par des hommes pleins de science et de vertus, à leur éducation, ils en comprendront le prix et en recueilleront les fruits avec docilité, reconnaissance et amour.

C'est avec confiance que nous l'approuvons et le recommandons.

Annecy, le 15 février 1875.

Le président de la Commission ecclésiastique de censure,

J. RUFFIN, *Prévôt.*

INSTITUT DES ÉCOLES CHRÉTIENNES

OU

LE VÉNÉRABLE

DE LA SALLE

SES OUVRAGES

ET

SES DISCIPLES

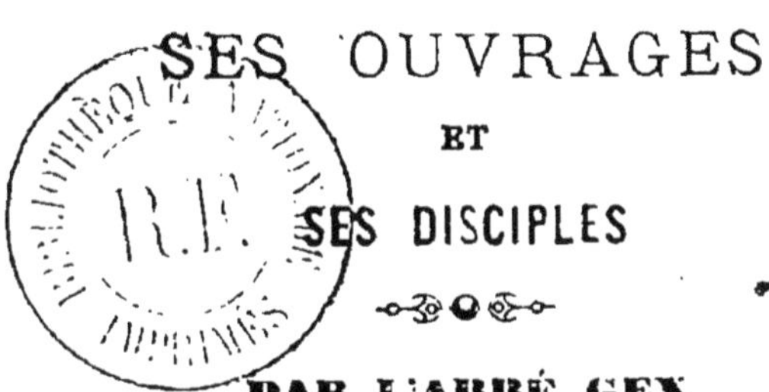

PAR L'ABBÉ GEX

Ancien professeur de littérature, Membre de la Société Florimontane
et Membre correspondant de l'Académie de Savoie

ANNECY

ANCIENNE IMPRIMERIE BURDET

J. NIERAT et Cie, successeurs

1875

Propriété.

INTRODUCTION.

Le souvenir que laisse
après lui l'homme de bien,
ne s'éteint pas. Ps. cxi.

Rouen est appelé à jouir d'un spectacle qui lui sera envié par bien des villes de premier ordre : la reconnaissance et l'admiration d'une multitude de peuples vont y élever, au vertueux et ingénieux Fondateur de nos écoles chrétiennes, un monument auquel tout le monde applaudira.

L'ancienne capitale de la Normandie en a pris la glorieuse initiative, et avec raison : car, bien que M. de La Salle ait inauguré à Reims, sa ville natale, l'apostolat de charité qu'il a continué ensuite à Paris et dans d'autres cités, c'est néanmoins à Rouen qu'il avait établi sa principale maison ; c'est à Rouen qu'il est décédé (1).

Quel constraste la mémorable solennité, qui aura lieu bientôt, va former avec le drame lugubre dont les Rouennais furentles témoins atterrés, au mois de mai 1430 !

D'une part, c'est le verdict de l'opinion publique consacrant par un bronze le culte des beaux et pieux souvenirs.

De l'autre, hélas ! ce fut un arrêt dont l'injustice et l'indignité dépassant toute mesure, n'a rien d'analogue dans les annales d'aucune nation. C'est avoir nommé l'innocente victime de cet odieux arrêt, Jeanne d'Arc, la sainte et prodigieuse libératrice d'Orléans. Lâchement aban-

(1) Dans la paroisse de Saint-Sever, au faubourg où il avait établi sa communauté, maison appelée Saint-Yon, du nom de son ancien propriétaire.

donnée des siens, l'intrépide héroïne, condamnée à expirer sur un bûcher, supporta son supplice avec une patience surhumaine. Là, hâtons-nous de le proclamer, *le sacrifice couronne la sainteté.*

Mais, arrivons au pieux Fondateur de l'Institut de nos Ecoles chrétiennes, et remarquons tout d'abord avec quel empressement on a souscrit pour le monument à ériger en son honneur, et quelle sympathie on a montrée à cet égard, non-seulement dans toute l'étendue de la France, mais dans les pays étrangers où l'enseignement chrétien a pris quelque faveur, nous voulons dire l'Angleterre, l'Irlande, les Etats-Unis, la république de l'Équateur, etc.

Quant à la Haute-Savoie, n'a-t-elle pas été, en cette circonstance, comme toujours, admirable d'élan et de générosité ? Deux mille neuf cents et quelques francs, voilà pour quel chiffre elle figure dans les archives de la souscription. Si malgré la modicité de chaque somme offerte, nous atteignons un total aussi élevé, c'est assez démontrer combien sont nombreux les souscripteurs (quatre mille soixante) et que c'est tout une manifestation, dont la portée n'échappera sans doute à l'attention de personne. En effet, aveugles ceux qui ne verraient ni n'interprèteraient ainsi un concert d'adhésions si étendu et si unanime. Plus aveugles ceux qui n'auraient aperçu dans les écrits de M. de La Salle, rien de prodigieux, rien qui dépasse le niveau de l'intelligence humaine !

Ils seraient indubitablement le jouet de certains préjugés, de certaines préventions ou de quelque parti pris contre tout ce qui est bien. Car, en même temps que nous nous édifions de sa vie, toujours laborieuse, sainte finalement, si, entre les ouvrages qui lui sont attribués en tout ou en partie, nous parcourons ceux qui sont plus spécialement relatifs à sa Congrégation, en tant qu'enseignante et qui ont pour titre : *Les douze vertus d'un bon Maître, La Conduite des Ecoles chrétiennes*, nous ne tardons pas à nous convaincre que, attendu le temps où il a écrit (en 1680, 1682 principalement) l'auteur a dépassé, en matière pédagogique, et laissé bien loin après lui tout ce qu'il y avait eu jusque-là de plus marquant dans cette voie (1). Souvent même, le lecteur, s'il est tant soit peu versé dans la di-

(1) Un académicien, M. Droz, écrivait, il y a quarante ans : « Une infinité de personnes ignorent que les Frères de la doctrine chrétienne sont les disciples d'un des hommes les plus remarquables que l'Europe ait vus naître. L'abbé de La Salle est à mes yeux le type du grand homme modeste ; c'est un des plus dignes modèles à présenter à l'humanité... C'est une de nos gloires nationales. »

dactique et dans la direction de la jeunesse, se surprend à dire : « Quel instituteur! il a été inspiré... Ses pensées, ses aspirations sont évidemment *marquées du doigt de Dieu.* »

Sans doute que jusqu'au moment où parut le vénérable de La Salle, l'Eglise n'avait point fait défaut à la grande tâche qui lui avait été imposée, d'une manière générale, dès son origine, par ces paroles : « *Allez, enseignez*; » sans doute qu'elle avait mis tout le zèle et tout le dévouement qui la caractérisent, à s'acquitter aussi bien que possible de ce devoir capital de l'enseignement, témoin les écoles établies très-anciennement dans les presbytères ruraux, dans les évêchés (1), dans les abbayes, etc. Témoin les méthodes scolaires, ainsi

(1) Dès 787, Charlemagne avait amené de Rome de savants grammairiens, et avait établi des écoles dans son propre palais.

que les règlements et les principes à suivre pour former des instituteurs.

Mais, malgré les persistants efforts du clergé, dont le zèle, toujours actif, était encore stimulé par les décrets d'une multitude de conciles provinciaux, par les ordonnances épiscopales, par les recommandations réitérées des synodes diocésains, du clergé, disons-nous, que secondaient de pieux laïques, il restait cependant un bien immense à faire dans le domaine de l'instruction primaire, que d'étranges obstacles avaient entravée. Ces obstacles, c'étaient des guerres, des invasions, puis l'influence du protestantisme, car la Réforme ne s'occupait que des riches et flattait le pouvoir civil, en s'en remettant exclusivement à lui pour l'instruction publique, afin de dépouiller tout à fait à cet égard l'Eglise de ses privilèges.

Tout, vers la fin du dix-septième siècle, fait désirer la création d'un institut durable, destiné à diriger efficacement et chrétiennement les écoles, mais d'où viendra l'habile et vertueux fondateur d'un tel institut? car nul de ceux qui avaient travaillé à cette difficile entreprise n'avait encore pu la conduire à bon terme.

M. Boudoise (1), l'ami de saint Vincent de Paul, préfondément ému de la nécessité d'introduire des réformes et des améliorations dans l'enseignement populaire, écrivait à M. Olier (2) : « Je le dis du meilleur de mon cœur, je mendierais volontiers de porte en porte pour faire subsister un vrai maître d'école, et

(1) Fondateur du Petit-Séminaire de St-Nicolas du Chardonnet, à Paris.

(2) Fondateur du Séminaire de Saint-Sulpice, à Paris.

je demanderais comme saint François Xavier, à toutes les universités du royaume, des hommes qui voulussent, non pas aller au Japon ou dans les Indes prêcher les infidèles, mais du moins commencer une si bonne œuvre... Je crois qu'un prêtre qui aurait la science des saints, se ferait maître d'école et par là se ferait canoniser... C'est le moyen de détruire le vice et d'établir la vertu ; et je défie tous les hommes ensemble d'en trouver un meilleur. J'estime que si saint Paul et saint Denis revenaient à présent en France, ils prendraient la condition de maître d'école, préférablement à toute autre... »

« L'école, disait-il ailleurs, est le noviciat du christianisme. C'est le séminaire des séminaires. »

« De plus en plus occupé de cette pensée, ajoute M. Ravelet, il fonda une association de prières pour obtenir de Dieu qu'il voulût bien accorder à la France des maîtres d'école (1). »

Un grand nombre d'ecclésiatiques, parmi lesquels plusieurs membres de la communauté de St-Sulpice, entrèrent dans cette pieuse association, qui fut placée sous le patronage de saint Joseph. De son côté, M. Boudoise publia sur ce sujet d'éloquents écrits et donna de chaleureuses conférences. Un jour il prononça, dans l'église de Gentilly, un discours qui lui valut l'adhésion instantanée de quatre-vingts de ses auditeurs. C'est dire que cette nouvelle croisade de prières et de bonnes œuvres se propagea rapidement et produisit d'année en année des résultats prodigieux. Il surgit plusieurs fondateurs d'écoles qui travaillèrent avec plus ou moins

(1) Histoire du vénérable de La Salle, publiée en 1874.

de succès à l'œuvre la plus intéressante d'alors.

Mais il était providentiellement réservé à M. de La Salle d'être par ses écoles chrétiennes ce que saint Ignace a été par sa compagnie de Jésus.

Entre ces deux Instituts, l'un et l'autre d'une importance incalculable, il y a, en effet, plus d'un rapport, quoique dans des sphères bien différentes. Même abnégation personnelle, même recueillement, même ardeur pour le bien, même dévouement.

Le vénérable de La Salle fut le créateur de l'enseignement primaire, sous le double aspect civil et religieux, pour la classe la plus nombreuse qui, faute d'instituteurs, croupissait dans l'ignorance, je veux dire les jeunes garçons chez le peuple. C'est si vrai, qu'on ne peut guère parler d'instruction populaire, « sans que son nom se présente à l'esprit. Il est comme le Christophe Colomb d'un monde nouveau, car c'est lui surtout qui a eu la gloire de découvrir dans les solitudes perdues de notre société, des populations entières qui vivaient dans l'ignorance, tribus sauvages d'une certaine espèce qu'il fallait amener à la lumière. Sans doute qu'il y a eu des écoles avant lui, il y en a encore à présent d'autres que celles qu'il a fondées. Il n'est pas moins le point lumineux de l'enseignement populaire. Il est l'architecte choisi de Dieu pour bâtir cette partie de son Église.

« . . . Ceux qui viennent après lui ont emprunté ses idées et ont suivi ses plans. Toutes les écoles populaires qui couvrent aujourd'hui l'Europe sont copiées sur le type qu'il a créé, et ce qu'il y a de bon dans nos lois n'est qu'une imitation imparfaite de ses règlements (1). » Oui, il a été le créateur de l'instruction primaire par ses écrits et en pratiquant lui-même la vie scolaire, la vie morale du parfait instituteur. C'est ainsi qu'il a formé d'habiles et zélés maîtres d'école, comme le sont maintenant ses disciples, comme le sont également, à divers degrés de perfection, les membres du corps enseignant, qui ont le bon esprit de marcher sur les traces de ces braves religieux, en se conformant à leurs principes, à leurs méthodes. *Principes et méthodes* : tout est là.

On juge de l'arbre d'après la qualité de ses fruits ; de même, après avoir acquis une connaissance complète du mérite de notre vénérable de La Salle, quant à sa vie et à ses

(1) Histoire déjà citée (M. R.).

écrits, faut-il placer en regard la conduite de ses disciples : ce qui est le reflet de ses vertus et de ses leçons. Ainsi, voilà trois points de vue corrélatifs, mais distincts, sur lesquels nous donnerons successivement quelques détails.

OBSERVATION.

L'essai que nous allons parcourir est le résumé sincère et consciencieux de ce qu'on rencontre de plus instructif et de plus édifiant dans tout le cours de la mission exceptionnelle de M. de La Salle, dans ses écrits et dans la conduite de ses disciples. J'ai à cet égard soigneusement interrogé la tradition, ainsi que les diverses biographies et histoires, publiées jusqu'à ce jour, notamment celles de M. Ravelet, homme de lettres ; de M. l'abbé Salvan, chanoine honoraire de Toulouse ; de M. l'abbé Carron ; de M. L. Ayma ; de M. Grange, de M. l'abbé Garreau, de la Compagnie de Jésus.

J'ai dit *résumé*, et c'est en cela, ce me semble, que doit consister le mérite de ce modeste travail ; car, si malgré sa brièveté, il parvient à mettre suffisamment en relief la grande figure historique dont il s'agit, il aura beaucoup plus de lecteurs que n'en ont communément des volumes compactes, toujours coûteux et dont la lecture exige des loisirs. Il vulgarisera promptement une vie trop peu connue parmi nous.

PREMIÈRE SECTION.

VIE DE M. DE LA SALLE

I

Sa naissance. — Son éducation. — Il entre dans la cléricature. — Sa nomination de chanoine au chapitre de Reims. — Il va au Séminaire de Saint-Sulpice. — Mort de ses parents. — Son retour à Reims. — Ses études théologiques. — Sa promotion successive aux divers ordres du sacerdoce.

Jean-Baptiste de La Salle naquit le 30 avril 1651, à Reims. Son père, Louis de La Salle, conseiller au présidial, et sa mère, Nicole Moët du Brouillet, également distingués par leur origine et par leurs vertus, étaient alliés aux maisons les plus recommandables de la contrée.

Ils consacrèrent les soins les plus assidus et les plus chrétiens aux sept enfants, issus de leur mariage, dont cinq garçons et deux filles. Aussi eurent-ils la consolation de voir quatre d'entre eux se vouer au service de Dieu, dans la vie sacerdotale et dans l'état religieux.

Les trois qui restèrent dans le monde tinrent une conduite édifiante. Tant il est vrai de dire avec un grand Pape que : « *On est tout ou rien, selon l'éducation qu'on reçoit* (1). » Les qualités et les vertus des parents comme celles de l'instituteur laissent de profondes traces dans l'âme des enfants.

Tous répondirent donc admirablement à la pieuse sollicitude dont ils avaient été l'objet, surtout le jeune Jean-Baptiste qui, échappant à la

(1) Clément XIV.

légèreté du premier âge, et doué d'une certaine gravité de caractère, éprouva de bonne heure un attrait marqué pour les choses sérieuses. Appelé tout petit encore aux fonctions d'enfant de chœur, il les remplit à édifier, à ravir tous les assistants ; c'était notamment une modestie angélique, dont le mérite se trouvait rehaussé par des traits distingués et des manières vraiment nobles. En le voyant, on dut répéter ce qui fut dit de Jean-Baptiste : « Que sera ce jeune enfant ? car, en vérité, la grâce de Dieu est avec lui... »

On le vit se fortifier promptement dans la vertu et s'y viriliser en quelque sorte, s'imposant, pour l'accomplissement de ses devoirs et de ses exercices de piété, une régularité qui ne se démentit à aucune époque de son existence, quelles qu'en aient été les nombreuses péripéties, les dures épreuves !

Elève des plus distingués de l'Université de Reims, il faisait concevoir de lui les plus flatteuses espérances à ses heureux parents, qui se plaisaient à le considérer comme le futur conseiller et le ferme soutien d'une nombreuse famille, dont il était l'aîné. Mais tels n'étaient point les desseins de la Providence. Irrésistiblement porté à l'état ecclésiastique, Jean-Baptiste, après en avoir obtenu l'agrément de son père et de sa mère, se hâte d'entrer dans la cléricature. Le 11 mars 1662, ses onze ans non encore révolus, il reçoit la tonsure, et déjà il saisit parfaitement la haute importance des nouvelles obligations qu'il vient de contracter ; c'est pourquoi il s'en acquitte ponctuellement par son assiduité à la prière, sans se relâcher de son application à l'étude.

Le dernier rang dans la maison

de Dieu, voilà quelle était l'humble ambition de notre jeune lévite, lorsque, à son insu, pour ainsi parler, il se voit élever sur un des premiers degrés du sanctuaire, mais, pour en descendre ensuite spontanément et avec une abnégation digne des plus grands saints.

A peine âgé de seize ans il est promu à la 21e prébende du chapitre de Reims (1). Le titulaire de cette dignité, Pierre Dozet, archidiacre de Champagne, chancelier de l'Université de Reims, fort avancé en âge et fatigué, se voyant au terme de sa carrière, résigne son bénéfice en faveur de M. de La Salle (2). « Ce jeune abbé, disait-il, d'un mérite si précoce, semble réunir plus de qualités que

(1) Voyez Note première, à la fin du vol.

(2) L'abbé de La Salle prit possession de son canonicat le 17 janvier 1667. Et Pierre Dozet mourut l'année suivante.

tout autre, pour honorer la respectable corporation à laquelle je vais cesser d'appartenir. » L'abbé de La Salle, devenu membre du chapitre de la métropole, était fort exact à s'y rendre pour l'exercice canonial et pour les cérémonies. Cependant, outre le temps qu'il passait régulièrement à l'église, il en avait encore assez pour continuer avec grand fruit ses études ; nous en aurons bientôt la preuve.

« Chanoine à seize ans? va-t-on s'écrier. » Oui, « à seize ans, » et n'en soyons pas scandalisés, pas même étonnés. Cette précocité n'entraînait pas alors les inconvénients qu'on serait aujourd'hui tenté de soupçonner. En effet, voici la marche qu'on suivait : Supposé que les clauses des actes de fondations le permissent, l'autorité ecclésiastique conférait les bénéfices à des étudiants qui n'étaient encore que tonsurés, mais qui se distinguaient par des vertus exceptionnelles. Ensuite, si quelques-uns de ces bénéficiers croyaient devoir préférer la condition laïque, eh bien ! alors, ils se démettaient de leur prébende, et rentraient dans le monde, pour l'ordinaire, avec de très-bonnes mœurs, d'excellentes habitudes, et une solide instruction chrétienne. Cette manière de passer une partie de sa jeunesse nous a valu, l'histoire en est là, des magistrats, des administrateurs, des instituteurs, des militaires bien remarquables.

Dès lors, nous n'aurions pas droit de blâmer cet usage qui, aux époques où il était en vigueur, ne dégénérait point en abus, comme peut-être on aurait pu le craindre dans les temps modernes.

Quoi qu'il en soit, il s'agit maintenant pour notre jeune clerc d'entrer au séminaire. La juste renommée de M. Olier, fondateur et premier supérieur de Saint-Sulpice, à Paris, fait qu'il préfère cet établissement à l'Université de sa ville natale, où pourtant il y avait une Faculté de théologie (1). Alors, ainsi que dès le premier jour, Saint-Sulpice, école de vrai esprit sacerdotal, comptait au nombre de ses élèves un jeune homme, « l'illustre abbé Fénelon, devenu dans la suite archevêque de Cambrai. Le jeune chanoine rémois était du même âge que l'abbé Fénelon ; ces deux hommes, dont la destinée fut si différente, étaient partis du même point. Fénelon commença sa brillante carrière par la publication d'un traité sur l'éducation des filles, et l'abbé

(1) Jean-Baptiste de La Salle, acolyte et chanoine de Reims, entré au séminaire le 18 octobre 1670. (Registre du séminaire de Saint-Sulpice, à Paris.)

de La Salle consacra les prémices de son ministère aux écoles gratuites de son pays. Le premier devint le précepteur des enfants des souverains, et le second, celui des enfants du peuple. Doués d'une expansion de cœur et d'une sensibilité excessives, ils virent leur existence traversée par beaucoup de contradictions et de disgrâces (1). » L'un pour son ouvrage : *Les Maximes des Saints*, encourut les censures de Rome ; l'autre, par suite d'une exigence excessive, touchant l'assiduité de sa maison aux offices de la paroisse, subit, sur son lit de mort, un interdit de la part de son évêque. La soumission la plus humble et à la fois la plus éclatante honora Fénelon ; la patience et la résignation exemplaires de M. de La Salle mirent de plus en plus en relief la sainteté de sa vie.

(1) Vie de M. de La Salle, par M. Salvan.

L'abbé de La Salle ne put longtemps jouir de la compagnie de cet affectionné condisciple, avec lequel il avait lié une étroite amitié. Le 20 juillet 1671, il a le malheur de perdre sa mère ; puis son père, neuf mois après, le 9 avril 1672. En sa qualité d'aîné, appui naturel de ses frères orphelins, il interrompt son cours de théologie, à Paris, et, d'après l'avis de ses supérieurs eux-mêmes, il revient chez lui le 19 avril de la même année.

En s'éloignant du Séminaire, où il venait de passer une année et demie, il garda un fidèle souvenir des admirables exemples de vertu dont il avait été l'heureux témoin et des préceptes d'ardente piété qu'on lui avait enseignés. Du reste, il regretta amèrement de quitter une maison fondée par un homme qui avait la réputation d'un saint; et il s'en serait difficilement consolé si, dans la personne du vertueux Nicolas Roland, chanoine et théologal de Reims, il n'avait rencontré le guide sage et tout apostolique dont il avait besoin. M. Roland venait de créer, sous le titre *du Saint-Enfant Jésus*, une association de religieuses ayant pour charitable objet de se rendre dans les principaux quartiers de la ville, afin d'y instruire les jeunes filles du peuple, tout en soignant les orphelins pauvres (1). L'abbé de La Salle parut, aux yeux du généreux fondateur, offrir plus que personne, les garanties nécessaires pour partager efficacement les travaux de son œuvre et les continuer après lui.

Les fréquents entretiens de M. de La Salle avec M. Roland enflammèrent son cœur « d'un grand zèle pour

(1) Voir la vie manuscrite de M. Roland, chez les Sœurs du Saint-Enfant Jésus, à Reims.

l'éducation gratuite des enfants peu favorisés de la fortune, et l'on peut fixer à cette époque mémorable le moment décisif où, sans connaître encore distinctement ce que Dieu demandait de lui, le vertueux abbé comprit qu'il devait briser tous les liens qui pourraient le tenir à la terre (1). » En conséquence, après une longue et sérieuse préparation, il demande la faveur d'être promu au sous-diaconat (2), et l'est effectivement le 11 juin 1672. Dès ce jour surtout, sa maison devient un véritable séminaire où il surveillait très-scrupuleusement l'éducation de ses frères, tout en continuant ses études, et prenant d'année en année (1673, 1674, 1675) ses grades de théologie, jusqu'à celui de la licence inclusivement.

(1) Vie de M. de La Salle, par M. S. ibid.
(2) C'était la veille de la Trinité de l'an 1672. Il avait vingt et un ans

Enfin, il est admis au diaconat en 1676, et reçoit le sacerdoce deux ans après, à l'âge de vingt-sept ans. Cependant l'abbé de La Salle qui, de l'avis de tous ses compatriotes, gérait avec une sagesse au-dessus de son âge, les intérêts de la famille et qui déjà montrait cet esprit d'ordre et de suite, qui lui sera si utile plus tard, se serait bien gardé de cesser de se rendre utile à ses frères. Il ne les quitte donc point et continue avec assez d'assiduité ses études théologiques, pour obtenir, dans le courant de 1681, le titre de docteur.

Peu de jours après son ordination, le vénérable de La Salle a le malheur de perdre son saint directeur, M. Roland, qui meurt le 17 avril 1678. Avant d'expirer, il supplie notre jeune abbé de continuer à l'association des Sœurs du Saint-Enfant Jésus ses soins de plus en plus dévoués. Ensuite il semble lui prédire qu'il fonderait à son tour une œuvre analogue pour les petits garçons.

II.

Fondation de son Institut. — Sa démission de chanoine. — Il distribue son patrimoine aux nombreux nécessiteux de l'époque.

Après avoir obtenu la reconnaissance légale de l'institut Roland, il parvient à le faire accepter par l'archevêque et les magistrats de la ville. Dès lors, les Sœurs de l'Enfant Jésus tinrent gratuitement quatre écoles de jeunes filles dans les principaux quartiers de Reims. Ce but, marqué par la reconnaissance et par son zèle personnels, une fois atteint, M. de La Salle reprend le cours de ses autres bonnes œuvres en s'attachant toutefois de préférence à l'instruction primaire, en faveur de laquelle il fonde un institut qui tout d'abord a bien mérité, et continuera, nous en avons la confiance, à toujours bien mériter de la société et de la religion.

Personne, ce nous semble, n'a jeté plus de jour sur les moyens à prendre pour assurer aux enfants de la condition ouvrière principalement, l'*instruction* et l'*éducation* convenables; l'*instruction*, qui éclaire leur intelligence et les met à même de remplir convenablement les devoirs de leur profession; l'*éducation*, qui forme leur cœur, en le pliant à la vertu, aux pratiques religieuses, aux exigences de l'état social, pour en faire d'excellents chrétiens, d'utiles citoyens.

Une association d'hommes, voués sincèrement et sans réserve aux soins éducatifs de la jeunesse, telle est, au jugement de M. de La Salle, la condition capitale de tout succès dans l'œuvre importante qu'il médite. Et c'est pourquoi il apporte la plus sérieuse attention au choix des jeunes gens dont il demande ou accepte le concours ; il consacre tous ses soins à les former le mieux possible.

« Quoi ! dans la seconde moitié du dix-septième siécle, s'écrie-t-on, en pleine apothéose du pouvoir absolu, en plein délaissement du petit peuple..., fonder un ordre religieux d'instituteurs ; organiser des écoles normales, créer des méthodes nouvelles, se faire, en un mot, le professeur du pauvre, en France, pour régénéer les masses par l'éducation ! (1) » Voilà une entreprise fort étrange ; si elle aboutit, elle tiendra du prodige. Et que seraitce, ajouterons-nous, si, aux difficultés inséparables de l'époque, venaient

(1) J. Grange.

en outre se joindre mille obstacles, suscités par des personnages très influents, et d'ailleurs fort respectables ? Cette dernière hypothèse n'était que trop fondée ; nous le verrons.

C'était en 1681, M. de La Salle commence avec un petit nombre de novices la vie de communauté. Ensuite après dix ans de prières et de préparations de toute sorte, il prend avec deux de ses novices l'engagement de soutenir l'Institut au milieu des plus rudes épreuves, et cela, en se liant par le vœu de stabilité et d'obéissance.

Quelque temps après, à ce premier vœu, ils ajoutèrent ceux de pauvreté et de chasteté : vœux d'abord triennaux, puis perpétuels. Enfin, les maîtres prennent le beau titre de *Frère*, tous frères en effet des plus pauvres enfants du peuple, et revêtent le modeste costume qu'ils ont encore de nos jours.

Bien plus, puisque l'exemple est plus persuasif que tous les écrits et les discours, l'abbé de La Salle montre dans les plus légers détails de sa conduite, un dévouement illimité pour le bien et un désintéressement absolu, soit en remplissant lui-même les humbles fonctions de régent (1), soit en renonçant aux avantages qui auraient séduit des hommes moins parfaits que lui.

A cette époque d'autorité et de hiérarchie, une stalle à l'église métropolitaine de St-Rémi ! C'était, si l'on veut, une haute dignité ecclésiastique. mais dont les obligations pas plus que les honneurs et les richesses ne se conciliaient, aux yeux de l'humble et pieux abbé, avec ses voyages ni

(1) Il fit l'école successivement à Reims, à Paris, à Marseille, à Grenoble, etc.

avec l'abnégation à laquelle il se proposait d'habituer ses disciples.

Partant, il se démet résolument de ce brillant canonicat, malgré l'opposition de l'archevêque, de ses proches, de ses amis, et même de son directeur, dans les premiers moments. En vain l'engage-t-on avec insistance à résigner en faveur de son frère, également très-méritant et déjà promu aux ordres sacrés. M. de La Salle se serait reproché de trop écouter la voix du sang ; il résiste donc avec énergie. Puis, à l'encontre de l'avis des chanoines, il préfère pour successeur M. l'abbé Faubert, d'une extraction fort commune, mais prêtre des plus recommandables par sa piété et son éloquence.

L'apôtre de l'humilité et de l'abandon de soi-même n'appartenait plus au chapitre de Reims. Ce n'était point encore assez pour devenir le fondateur et le patron de l'enseignement populaire. il fallait de plus sacrifier son patrimoine, qui s'élevait à la somme pour lors assez importante de quarante à cinquante mille livres. Le voilà en conséquence qui emploie ce beau capital à soulager les malheureux qu'une affreuse disette avait réduits à toute extrêmité (1).

Par le double sacrifice auquel il vient de se condamner, par cet héroïque dépouillement, qui le place

(1) En 1684, tout le royaume et plus spécialement la Champagne, était en proie aux horreurs d'une étrange famine. Accouraient à Reims des milliers de pauvres sollicitant du travail et du pain. Par malheur, l'industrie et le commerce étaient anéantis, les manufactures étaient fermées et toutes transactions de négoce arrêtées. Quel parti l'abbé de La Salle prendra-t-il pour soulager tant de misères? Aussitôt de fournir tous les vivres nécessaires aux écoles du peuple, aux pauvres honteux ; chaque matin, il distribue, après la messe, d'abondantes aumônes à tous ceux qui se présentent. C'est au point que, dans peu de mois, il a généreusement sacrifié ses avoirs, se voit à bout de ressource et même dans le dénuement.

au niveau des Polin de Nole et des François d'Assise; enfin, par sa confiance absolue en la Providence, il établissait son Institut sur des bases plus solides qu'une périssable fortune et autres avantages passagers, d'accord qu'il était sur ce point essentiel avec le P. Barré, dont l'opinion était que souvent, les écoles qui ne se sont fondées qu'humainement, risquent d'être trop vite *fondues* (1).

Une si haute perfection dans notre jeune abbé excite l'admiration générale, et fait qu'un grand nombre de jeunes gens, parmi lesquels des collégiens fort capables, viennent se joindre à ses disciples.

---

(1) M. de La Salle avait, depuis la mort de M. Roland, choisi pour son directeur et son conseiller, le R. P. Barré, religieux d'un grand mérite.

III.

Contradictions qu'il éprouve dans son entreprise, à Reims, à Paris, à Rouen, etc. — Plaintes de M. le curé de Saint-Sever. — Mort édifiante de M. de La Salle. — Sa réputation de sainteté.

Ce que nous connaissons de M. de La Salle aurait dû, ce me semble, offrir assez de garantie pour le développement et la durée de son Institut. Mais, dans les desseins de Dieu, il fallait de plus le sceau des persécutions et de la croix. Aussi que d'oppositions malveillantes, que de dédains et de récriminations! Il ne serait point aisé d'en présenter un tableau fidèle. Essayons néanmoins d'en rappeler quelques traits.

M. de La Salle, suivant toute apparence, bien que déployant le plus grand zèle, bien que s'annihilant lui-même, pour ainsi dire, dans le but de fonder un Institut durable, n'avait pas l'avantage d'agréer à tout le monde : d'abord il n'agréait pas à ceux qui, par instinct, par indifférence, que sais-je? par misanthropie, répugnent à ce qui est nouveau. « Qu'avons-nous besoin d'innovation, disaient-ils; est-ce que tout, dans la situation actuelle, ne marche pas convenablement? Tenons-nous-en à ce que l'expérience a sanctionné, ajoutaient-ils, et n'acceptons pas si vite les inventions modernes. » Ensuite, il n'agrée pas non plus à ces hommes qui, même avec des intentions plutôt louables, ne donnent leur assentiment aux plus beaux projets, aux plus utiles institutions que si, attendu leur situation sociale, ils en sont plus ou moins les initiateurs, ou les ont préalablement approuvées sous la réserve d'en indiquer le mode et d'en fixer les proportions; enfin, il n'est décidément pas du goût de ceux qui, sous un prétexte ou sous un autre, se prononcent contre un genre de bien dont ils ne se sentiraient point capables eux-mêmes, et dont le mérite aussi bien que la gloire leur échapperaient. A leur sens, mieux vaudrait une complète abstention; dussent en résulter de grandes privations pour toute une contrée, pour la société, pour la religion.

Il ne fut épargné, ni aveugles préventions, ni cruelles persécutions, à cet homme qui avait sacrifié repos, santé, fortune, honneurs. Mais puisque rien de plus éloquent que les faits, en voici qui sont assez significatifs:

Ce serviteur de Dieu avait commencé sa communauté dans la maison paternelle; ce qui offusqua étrangement ses proches, ses compatriotes, ses collègues de la Métropole, ses amis, son évêque, et excita contre lui une véritable tempête. « *Dévotion outrée, mal entendue,* » disaient les uns ; « *fanatisme, aberration, folie,* » ajoutaient les autres ; « *secret calcul d'ambition, projet d'être fondateur d'ordre,* » supposait-on encore.

Cela nous donne la mesure de l'injustice qui est souvent réservée aux meilleures choses, et dénature les intentions les plus pures, les plus désintéressées, les plus saintes !

On alla si loin, quant à la prétendue ineptie ou niaiserie de M. de La Salle, qu'il vint à la pensée de quelques-uns de ses parents de le faire interdire. Ils lui arrachèrent l'un de ses jeunes frères, et regrettèrent que l'aîné ne consentît point à quitter son cher Jean-Baptiste qui lui tenait lieu de père.

Ajoutons que la grande difficulté

de plier ses disciples au joug de la règle, de les assujettir à l'obéissance, à la mortification, fit que les premiers d'entre eux l'abandonnèrent.

Enfin, dès qu'il paraît en public, sous l'habit religieux : « *Ah! pour le coup,* s'écriait-on, *il perd pour tout de bon la tête.* » Cent fois, en pleine rue, est-il en butte aux risées malignes d'une populace ingrate et de quelques familles ignorantes, qui ne pouvaient supporter qu'on infligeât, bien que sagement, des corrections à leurs enfants indociles ou paresseux. Cent fois, lui et ses disciples, ont été hués et traités d'insensés. On en serait même venu jusqu'à le bousculer, jusqu'à lui appliquer des soufflets... Mais, de son côté : douceur inaltérable, silence absolu (1). Et,

(1) A l'exemple du Sauveur Jésus : Il se taisait. *Ipse vero tacebat.*

par surcroît d'épreuves, le découragement s'empare de ses novices, dont un bon nombre désertent lâchement et sans mot dire.

Ce n'est pas tout : sitôt que l'Institut semble prendre pied quelque part, des hommes recommandables, à beaucoup d'égards, tentent de supplanter, dans l'exercice de ses fonctions, le saint directeur ; les régents laïques lui suscitent des obstacles et des difficultés. Mais n'attendez pas qu'il articule jamais le moindre mot de plainte. Il montre au contraire une parfaite résignation.

L'Institut comptait déjà huit ans d'existence à Reims, lorsque M. de La Barmondière, curé de Saint-Sulpice, à Paris, demande et obtint des frères pour les écoles des enfants du peuple, détermination qui contrarie Mgr Le Teiller, archevêque de Reims, car il aurait tout voulu garder pour son diocèse. M. de La Salle ne prévoyait pas les traverses et les tracasseries qui l'attendaient dans la capitale! Les enfants justement caractérisés de *jeunes sauvages*, avant l'arrivée de leurs nouveaux régents, étaient en effet excessivement rétifs, insoumis, difficiles à conduire.

D'autre part, tout le monde, même les hommes les mieux intentionnés, voire beaucoup de ceux qui s'imposaient des sacrifices pour les nouvelles écoles, avaient la prétention de conseiller, de diriger M. de La Salle, et souvent en sens inverse. Fréquemment aussi on le tournait en ridicule.

En voici un exemple :

Mgr Démarets, évêque de Chartres, pertisan déclaré, admirateur sincère des écoles chrétiennes, comblait d'accueil le vénérable de La Salle, qu'il avait connu à Saint-Sulpice et dont il avait conçu une haute estime. Il en parlait avantageusement, il aimait à le présenter aux membres les plus distingués de son clergé.

On ne sait de quel œil étaient envisagés les égards du prélat envers le jeune abbé. Seulement voici une petite scène : Retenu un jour pour dîner à l'évêché, malgré sa résistance, car jamais jusqu'alors il n'avait voulu accepter (et en cette circonstance Monseigneur avait ordonné de fermer les portes du palais), il se trouva, après le repos, vis-à-vis de M. d'Aubigné, vicaire-général, et de quelques autres ecclésiastiques. Dans ce moment, à l'insu du prélat, c'est probable, il subit sur son Institut un interrogatoire assez étrange, auquel néanmoins il répondit fort convenablement.

On ne s'en tint point là ; « la règle qu'il avait adoptée, disait-on, était par trop rigoureuse, les austérités multipliées outre mesure. Vient ensuite le tour de sa personne : l'un se déclare contre la forme de sa soutane; l'autre, contre sa chaussure trop épaisse, contre son large chapeau, enfin contre son manteau décidément trop vieux. Ce n'était peut-être que de la plaisanterie, mais on avouera qu'elle était d'un goût plus que douteux. M. de La Salle garde le silence, supporte patiemment tout ce qu'il y avait de dérisoire dans ces propos, s'estimant heureux d'avoir une si belle occasion de pratiquer l'humilité chrétienne.

La *Jurando*, ou association des maîtres d'école de la capitale, s'insurge avec violence contre les nouveaux instituteurs populaires, qu'elle envisage comme des rivaux importuns, dont elle appréhende la supériorité. Douze de ses membres envahissent et pillent de fond en comble l'école chrétienne de la rue Saint-Placide.

Le grand-chantre de l'église de Paris, circonvenu, en vint jusqu'à porter une sentence proscrivant les écoles des Frères, comme contraires aux priviléges des instituteurs de la ville. Alors M. de La Salle crut devoir défendre ses écoles, accusées avec tant d'injustice, et il le fit victorieusement.

D'autres arrêts non moins sévères, émanant de l'autorité judiciaire, sont aussi prononcés, sous de spécieux prétextes, contre le nouvel Institut.

Pour mettre le comble aux flots d'amertume dont M. de La Salle est abreuvé, voici les jansénistes, qui, à bout de leurs tentatives insidieuses pour le séduire, deviennent les plus acharnés détracteurs des écoles chrétiennes. Mais, sourd à toute autre voix qu'à celle de sa conscience, il brave injures et menaces et fait publier dans sa congrégation la terrible bulle *Unigenitus*, flétrissure mortelle du jansénisme. Ensuite, afin de mieux témoigner de sa soumission à l'autorité pontificale et aux décisions de l'Eglise, il se signe dorénavant : *prêtre romain*. Peut-être ce titre était-il une protestation contre le gallicanisme.

Dans ces tristes conjonctures, ce qu'il y eut pour lui de bien sensible et de plus déchirant, c'est que ses plus cruels chagrins continuaient à provenir de ses propres enfants. Pour la troisième fois, il se voit abandonné impitoyablement de quelques-uns de ceux dont le concours lui était alors le plus nécessaire. Quelques autres portèrent l'audace jusqu'à tenter de s'approprier les dotations dont ils n'étaient que les dépositaires.

D'un autre côté, accusé par le curé de Saint-Sulpice, il est mis en demeure de se justifier, ce qu'il fait sans difficulté, non point pour lui personnellement, mais pour ses écoles.

Cependant, il commence à se lasser sous le poids de tant luttes, sans cesse renaissantes. Un jour le souvenir de tout ce qu'il avait souffert et la crainte des combats qu'il pourrait encore avoir à soutenir, l'accablent tellement, qu'il pense en être suffoqué. « Il remonte le cours de ses années, dit un de ses biographes, depuis qu'il a renoncé à son canonicat, il place sous ses yeux le tableau de toutes les contradictions qu'il a essuyées; pas une seule de ses entreprises qui n'eût été pour lui la source de peines cruelles. Ce qui le frappe davantage, c'est qu'en général il avait souvent eu pour contradicteurs et pour ennemis des hommes recommandables par leur vertu, des pasteurs dont la mémoire était en bénédiction dans l'Église. Ses disciples avaient quelquefois affligé son cœur (1). Ses intentions les plus droites avaient été mal interprétées; sa régularité avait été taxée d'exagération; son exactitude à faire observer la règle, d'entêtement et de bizarrerie. Un ennemi personnel s'était attaché à ses pas et avait juré sa perte..... M. de La Salle se demande si son œuvre vient de Dieu, et s'il ne s'est point engagé témérairement dans cette entreprise. Persuadé qu'un autre ferait mieux que lui, il songe

(1) Dans les dernières années de sa vie, un frère, tout à fait hargneux et grossier, le voyant souffrant, lui reproche avec dureté d'être à charge à la maison, parce qu'il était incapable de travailler. Il s'oublie même jusqu'à le souffleter. Pendant tout une année, il se montre impitoyable envers lui. Néanmoins, M de La Salle souffrit tout sans jamais laisser échapper le moindre murmure.

sérieusement à tout abandonner (1). »

Mais Dieu, qui n'éprouve ses serviteurs que dans la mesure de leurs forces, rassure le vertueux de La Salle, par un moyen tout providentiel et lui rend le courage nécessaire pour continuer un bien dont le prix, au demeurant, ne pouvait être contesté, puisque, malgré tant d'oppositions et de contrariétés, il s'était si prodigieusement répandu en France (2), dans un si court espace de temps. Il arriva qu'une de ces âmes d'élite, que le ciel se plaît à éclairer de ses plus vives lumières, consultée par M. de La Salle, sur son œuvre, le rassure pleinement.

« Il faut, lui dit-elle, persévérer jusqu'à la fin de vos jours, en alliant, comme vous avez commencé, la vie de Madelaine avec celle de Mar-

(1) *Vie de M. de La Salle*. Ibid.
(2) Voir Note deuxième, à la fin du vol.

the. » Ne doutant point que telle fût la volonté de Dieu, il répondit intérieurement comme saint Martin : « Je continuerai sans relâche mes pénibles labeurs. *Non recuso laborem.* »

Terminons en affirmant que les chagrins, non interrompus et de plus en plus cuisants, de M. de La Salle, n'eurent rien d'égal que sa patience inaltérable, sa résignation sans précédent, jusqu'à sa dernière heure, jusqu'au suprême battement de son cœur ; instant solennel où fut définitivement accompli le long, le douloureux mystère de la croix et le calice d'amertume épuisé...

Et la série de ces afflictions et de ces angoisses, si longtemps prolongée, c'était M. le curé de Saint-Sever qui, pour un dissentiment assez inexplicable, au moins d'une part (comme nous allons le voir), devait la clore !

Il avait réussi à prévenir contre l'humble Fondateur des Écoles chrétiennes, non-seulement un des vicaires-généraux de Rouen, mais Mgr l'archevêque (M. d'Aubigné (1), précédemment, comme nous le savons, grand-vicaire à Chartres).

Le prélat recevait mal M. de La Salle. Mais celui-ci se prosternait, s'anéantissait devant son évêque, et gardait un silence ému sans doute, mais toujours respectueux et parfaitement chrétien. Telle fut constamment sa louable habitude dans les revers qui traversèrent ses jours; car il ne se défendit que quand le bien de sa maison l'exigea.

Quels griefs M. le Curé alléguait-il donc contre le directeur des Frères?

(1) M. d'Aubigné, de noble extraction, fut sacré évêque de Noyon, en 1701, et transféré de là à l'archevêché de Reims, où il mourut trois ou quatre mois après le pieux de La Salle.

« Lorsqu'il a fondé son établissement de Saint-Yon, disait-il, M. de La Salle a pris auprès de mon prédécesseur, l'engagement de conduire sa communauté aux offices paroissiaux beaucoup plus souvent qu'ils ne le font actuellement. Il a en conséquence manqué à sa parole, et gravement. »

Au dire de M. le Curé, il s'agissait d'une dette sacrée et non d'une affaire de complaisance. Exclusivement préoccupé du bien spirituel de ses ouailles, n'aspirant qu'à une plus grande édification pour elles, il fermait de bonne foi les yeux, c'est à croire, sur un des côtés saillants du point en litige. Il n'aurait pu se mettre dans la tête que, attendu un changement essentiel dans les circonstances, ce qui avait été pratiqué avec un petit nombre de jeunes gens bien disciplinés, devenait incomparablement plus difficile, impossible même, jusqu'à un certain point, avec une communauté déjà nombreuse et surtout composée désormais d'éléments fort différents, très-difficiles à conduire. Car la maison avait foncièrement changé : outre les novices et les Frères enseignants, elle comprenait des jeunes gens à instruire, des enfants indociles, que les parents confiaient aux Frères pour les morigéner et les corriger; enfin, d'autres jeunes hommes, enfermés par ordres de la cour ou lettres de cachet; c'était le terme reçu (1).

De plus, pour arriver à l'église paroissiale, il fallait parcourir un long trajet qui entraînait de fâcheux abus, telles que perte de temps con-

(1) Au dix-septième siècle, les pensionnats étaient rares. Il ne faut pas s'étonner de rencontrer à Saint-Yon des pensionnaires d'un caractère si différent.

sidérable, dissipation extraordinaire, et, qui pis est, de fâcheuses désertions. Rien de plus désastreux pour un semblable établissement.

Mais M. Jarrier, séduit par un zèle peu réfléchi, se montre inconciliable, et poursuit notre pieux Directeur à un tel point que, suivant la tradition de trois de ses biographes, M. de La Salle aurait été, l'avant-veille de sa mort, privé du pouvoir de confesser dans son établissement.

Toutefois M. Ravelet, que nous croyons des mieux renseignés sur l'incident dont il s'agit, s'en exprime en ces termes : « Le vénérable de La Salle eut quelques difficultés avec le curé de Saint-Sever, dont il était paroissien et dont le zèle indiscret voulait, pour l'édification de son église, obtenir des Frères toutes sortes de pratiques incompatibles avec leur règle et le bon ordre de leur maison. Un accord avait été fait entre eux. Mais quelques articles de cet arrangement s'étant trouvés incompatibles, le curé en rendait responsable le vénérable de La Salle et s'en plaignait à ses supérieurs ecclésiastiques, Mgr d'Aubigné et son grand-vicaire. » L'auteur donne ensuite à entendre que M. de La Salle, toujours plein de déférence pour l'autorité ecclésiastique, ne fut pas interdit, puisqu'on ne trouve pas de trace de cette sentence archiépiscopale. Puis il insinue : « Que la chapelle de Saint-Yon aurait tout au plus été interdite pour le jour de Pâques, dans l'intérêt de l'église de Saint-Sever, dont le curé ne voulait pas laisser amoindrir les priviléges paroissiaux. Cette affaire cependant fut pour le vénérable de La Salle une cause de préoccupation et de soucis.

Il supporta cette épreuve avec sa sérénité accoutumée, et rien ne put lui arracher ni une parole amère, ni une marque de vivacité et d'impatience. »

Ainsi le fait de l'interdit dont M. de La Salle aurait été frappé à son lit de mort n'exclut pas tout doute. Mais ce qui semble moins contestable, c'est que M. le Curé de Saint-Sever ait adressé au moribond, avec un accent de rigueur des plus regrettables, ces paroles excessives :

— « Sachez que *vous allez mourir* et qu'il vous faudra ensuite comparaître devant Dieu. »

— « Je le sais, répondit paisiblement le malade, et suis très-soumis à ses ordres; mon sort est entre ses mains, que sa volonté soit faite ! »

Désarmé, vaincu par ce ton calme qui décelait quelque chose de céleste, un peu interdit même, M. le Curé se montre bienveillant... Il exprime du regret sur le différend qui s'était élevé entre eux touchant la présence de la communauté de Saint-Yon aux cérémonies religieuses de la paroisse.

Cette ouverture, en termes fort convenables, du pasteur, comble d'une joie d'autant plus sensible le malade, qu'il désirait plus ardemment une parfaite réconciliation avec M. Jarrier, auquel il n'avait cessé, lui patient religieux, de pardonner les effets d'un zèle exagéré, fermant son âme aux plus légères atteintes de ressentiment.

Sur ces entrefaites, il se hâte de demander, et avec une pieuse instance, le saint Viatique et le reçoit avec les sentiments d'une ineffable dévotion.

Enfin, après quarante longues années, laborieusement et fructueusement consacrées à l'éducation populaire, soit en régentant lui-même, soit en formant des maîtres et donnant de sages directions aux Frères déjà en exercice, ce généreux bienfaiteur de la jeunesse rendit son âme à Dieu le vendredi-saint, 7 avril 1712, dans un faubourg de Rouen, et à la Maison de Saint-Yon. C'est là, on le sait, qu'il avait établi le noviciat soit la maison-mère de sa Congrégation. Ses derniers instants furent ceux du juste : « *Heureux ceux qui meurent dans le Seigneur.* » « Je ne veux plus que me préparer à la mort, » avait-il dit, depuis quelque temps, à ceux qui l'entouraient. Et, dans cette perspective, qu'au reste il envisageait avec confiance, il redoublait de ferveur et de résignation. Aussi, dès que l'heure décisive eut sonné : calme profond de toute manière, pardon et oubli des injures, prières pour sa

Communauté, pour ses adversaires, d'ardentes aspirations vers le ciel, tel fut le terme éminemment chrétien de cette grande existence; j'allais dire tel fut le dénouement d'une véritable épopée de dévouement, de charité, d'immolation qui n'a manqué ni de péripéties ni de merveilleux dans son genre.

Cette âme, munie de tous les secours de l'Eglise, s'éleva, comme d'elle-même, dans les régions de l'éternelle félicité; car, épurée qu'elle avait été dans le creuset des plus rudes combats et par les sacrifices de toute nature, elle était libre et dégagée de tout lien terrestre (1). L'édifice était arrivé à son couronnement pour le ciel.

(1) Notre compatriote Ennemond Allemand (ou mieux Allamand) de Mont-Martin, descendant des barons de Faucigny, évêque de Grenoble, en 1707, à la place du cardinal Le Camus, mourut la même année que M de La Salle.

« A peine la nouvelle de sa mort est-elle connue qu'on accourt de tous les côtés à Saint-Yon, pour y contempler le prêtre selon le cœur de Dieu. Ses traits n'ont point été altérés par les souffrances et par les rigueurs du trépas. Il paraît aussi beau, aussi distingué que pendant sa vie.

« Son crucifix, son chapelet, son livre de l'Imitation, son Nouveau-Testament et son bréviaire sont aussitôt enlevés, ses vêtements sont mis en lambeaux et ses cheveux coupés. Chacun veut avoir quelque chose de ce qui avait appartenu au défunt (1). »

Ses funérailles sont d'une solennité et d'un éclat inaccoutumés, non pas seulement en raison des cérémonies religieuses, mais à cause du concours innombrable de prêtres et

(1) *Vie de M. de La Salle*, par M. Salvan.

de personnages des plus distingués, venus de toute la ville et de contrées fort éloignées.

Pour répondre à la piété empressée d'un très-grand nombre de fidèles, on publie plusieurs copies de ses dispositions testamentaires, dont l'édification concordait avec celle de sa vie.

De toute part, on n'entend que ces paroles : *Le saint est mort, le saint est mort !* Paroles que répète aussi le vicaire-général de Rouen, celui-là même qui, au dire de la chronique, avait dû contribuer à la dernière épreuve du serviteur de Dieu.

M. le Curé de la paroisse, quoique antérieurement un peu en délicatesse avec le défunt, déclare néanmoins, dans le registre des actes de décès de Saint-Sever, *que Messire Jean-Baptiste de La Salle s'est signalé et rendu recommandable par la pratique de toutes les vertus chrétiennes.*

La cérémonie funèbre a lieu, le samedi-saint au soir, à l'église paroissiale, et dans la chapelle de Sainte-Suzanne.

Sur son tombeau fut placée une épitaphe latine que nous pouvons traduire de cette manière :

« Ici attend la résurrection le vénérable de La Salle, de Reims, prêtre, docteur en théologie, ex-chanoine de l'église métropolitaine de Reims, fondateur des Frères des écoles chrétiennes. Illustre par sa naissance, plus illustre par ses vertus. Il est mort le sixième jour de la semaine-sainte, le sept d'avril, l'an 1719, chez les Frères de Saint-Yon, de cette paroisse, âgé de soixante-cinq ans. Qu'en ce jour Dieu lui accorde de trouver le repos! »

Déposés dans la chapelle précitée, les restes du vénérable de La Salle furent transportés en 1734, dans la chapelle de Saint-Yon, avec une solennité des plus imposantes. Il y avait 300 prêtres présidés par l'archevêque de Rouen, et un nombreux concours de fidèles.

Un journal dont le nom importe peu, en contradiction avec le *Siècle*, feuille démocrate et grande promotrice d'une statue à Voltaire, ouvrait ses colonnes aux réflexions suivantes : « Le conseil municipal de Rouen (pendez-vous, M. Barodet !), de cette ville où M. de La Salle avait fixé le siége de l'Institut des Frères des Ecoles chrétiennes, a déclaré que « la cité devrait s'enorgueillir de voir « élever sur une de ses places pu- « bliques un monument à cet homme « dont la vie, inspirée par la foi et « le dévouement, a été un long acte « de renoncement et d'abnégation. » Et le Président de la République, par un décret du 14 novembre 1872, a autorisé l'érection à Rouen, par voie de souscription publique, d'un monument à la mémoire de l'abbé de La Salle.

« A l'initiative du conseil municipal de Rouen a répondu l'adhésion de toutes les cités où le nom de l'abbé de La Salle est en honneur; c'est-à-dire dans les parties du monde les plus diverses. »

AVIS

relatif aux deux sections suivantes.

Il y a, en matière didactique, des théories qui, dans l'intérêt de la pratique et suivant l'application qu'on en fait, s'entre-croisent souvent, et reviennent telles quelles, ou en termes différents, sous la plume de l'écrivain. Et cela, en dépit de l'unité et de l'ordre si bien enseignés par le poète (1). Au reste, le lecteur sait, à ne pas en douter, que tel écrit demande l'ordre, la division rigoureusement logique, et que tel autre veut l'ordre relatif, c'est-à-dire celui que comportent le sujet et les dispositions des auditeurs ou des lecteurs.

Ainsi, certains Zoïles de notre littérature se sont permis de reprocher à Massillon de n'avoir pas toujours soumis ses sermons à un plan régulier, suivant eux. Pendant que les vrais connaisseurs en l'espèce, affirment qu'en habile orateur, il a préféré fréquemment le plan oratoire, le plan qu'il croyait le mieux adapté aux dispositions de la masse de ses auditeurs et par conséquent le plus utile.

Massillon n'était pas de ceux qui disent :

(1) *Ordinis hæc virtus erit...*
« Le mérite de l'ordre, dans un ouvrage, consiste, ce me semble, à dire d'abord ce qui doit être dit d'abord ; à renvoyer en leur lieu beaucoup de choses... » (Hor. *Art poét.*, vers. 42 et suiv.)

Périsse le monde plutôt qu'un principe, et il a obtenu des triomphes d'éloquence dont rien n'approche jusqu'ici dans la chaire chrétienne. Tout est relatif. Qu'on ne s'étonne donc point des quelques redites ou doubles emplois que nous nous permettrons pour le bien de nos lecteurs.

DEUXIÈME SECTION.

Après avoir parcouru, dans ce qu'elle offre de plus édifiant et de plus instructif, l'histoire du vénérable de La Salle, nous fixerons un instant nos regards sur ce qu'il a écrit lui-même ou inspiré, en fait de pédagogie, pour réaliser de plus en plus solidement son grand dessein.

I

OUVRAGES DE M. DE LA SALLE.

Pour former ses disciples et les élever à la hauteur de leur importante mission, M. de La Salle a joint à l'influence de sa conduite, un ensemble de préceptes, consignés dans deux écrits, entre autres (1), déjà mentionnés, dès le début de notre opuscule :

(1) Bien que la Congrégation des Rites, à Rome, ait laissé en suspens la question de l'authenticité des ouvrages attribués au vénérable de La Salle, dont, par humilité peut-être, il n'avait pas conservé les manuscrits, ses premiers biographes et la tradition nous autorisent à supposer que, outre les deux livres intitulés : *Les douze Vertus...* et *la Conduite des Écoles chrétiennes*, il a de plus composé, tout au moins en substance, ceux qui ont pour titre : *Les Devoirs du Chrétien envers Dieu et les moyens de s'en acquitter ; la Civilité chrétienne ; Recueil des différents petits traités à l'usage des Frères, culte extérieur et public ; Règles et Constitutions.*

Il ne faut pas se dissimuler qu'alors même que le vénérable fondateur n'aurait pas entièrement composé tous ses ouvrages, lesquels ont sans doute été plus ou moins modifiés par les leçons d'une longue expérience, et en vue de nouveaux besoins, il y aurait toujours puissamment contribué pour le fond et l'ensemble des pensées ; car tout y porte le caractère de son esprit intérieur, qui est avant tout humble et mortifié. Tout y respire d'ailleurs cette union de la foi, du génie et du dévouement qui font la marque distinctive des plus illustres instituteurs.

Les douze Vertus d'un bon Maître et *la Conduite des Écoles chrétiennes* (1).

Dans le premier, il est démontré que les instituteurs sont dans l'obligation de revêtir, autant que possible, les qualités qu'il appelle *les vertus d'un bon Maître*, et qui sont : *la gravité, le silence, l'humilité, la prudence, la sagesse, la patience, la retenue, la douceur, le zèle, la vigilance, la piété, la générosité.* Par ces admirables qualités, se complétant, se tempérant les unes les autres ; par ces qualités, dis-je, qui doivent constituer dans sa plus haute puissance la vie morale de tout instituteur, on est sûr d'inspirer de

(1) La tâche délicate et laborieuse qu'il m'a été donné de remplir, comme professeur de méthode de 1848 à 1853, m'a valu la bonne fortune d'étudier avec soin un aussi parfait instituteur que M. de La Salle, et de connaître ses écrits et ceux qu'il a inspirés à ses disciples, écrits qui sont d'un prix incalculable pour quiconque se livre à l'enseignement.

la sympathie et une crainte toute révérentielle; on est sûr d'exercer de l'autorité, et une autorité personnelle et *de fait*, la seule efficace, et non pas seulement cette autorité aveugle, qu'on appelle autorité *de droit*, résultant du seul pouvoir professoral, laquelle est stérile pour le bien de l'élève, dont elle n'obtient qu'une soumission forcée, hypocrite.

Nous touchons à une question d'une gravité telle, à nos yeux, que nous nous permettons, à ce sujet, de retracer textuellement ici les idées que nous rencontrons en forme de notes sommaires, dans l'ouvrage qui nous occupe. Ces idées sont les moyens d'exercer et de maintenir l'autorité vis-à-vis des élèves, et sont formulés ainsi :

« Ces moyens consistent :

« 1° A ne jamais user du pouvoir de maître hors de propos, sans raison, sans mûre réflexion, ni pour des choses qui n'en vaudraient pas la peine.

« 2° A faire exécuter ce qu'on a une fois commandé justement.

« 3° A ne point accorder ce qu'on a eu raison de refuser, quand les circonstances n'ont point changé.

« 4° A ne point faire légèrement des menaces, mais à mettre à exécution celles qu'on a faites, si les enfants y donnent lieu, et à n'être jamais injuste.

« 5° A imprimer aux écoliers une crainte respectueuse et à la maintenir.

« 6° A suivre toujours une marche bien réglée dans la manière de les conduire.

« 7° A se montrer invariable dans sa conduite, en sorte que les écoliers sachent qu'ils trouveront toujours dans leur instituteur un maître qui fera toujours faire le devoir et respecter le bon ordre.

« 8° A être égal envers tous, à n'avoir de prédilection pour aucun d'eux ; car celui qui jouirait d'une amitié exclusive, en deviendrait audacieux, insolent, et les autres qui en seraient privés, deviendraïent jaloux, mutins, indociles : ce qui n'empêche pas néanmoins de marquer de la satisfaction, d'accorder des éloges, des récompenses à ceux qui font bien, et de témoigner du mécontentement à ceux qui font mal.

« 9° A ne pas se familiariser avec les élèves.

« 10° A tâcher d'agir toujours de manière qu'on ne puisse jamais être dans le cas de paraître avoir tort à l'égard de qui que ce soit.

« 11° A ne traiter en aucune manière les jeunes gens comme des esclaves ; mais en même temps à se comporter envers eux avec tant de dignité et de réserve, qu'ils ne soient jamais tentés de se mettre de pair avec leur maître.

« 12° A ne donner à chacune des choses dont on doit les entretenir, que la juste importance qu'elles ont.....

« 13° A s'exprimer brièvement quand on prescrit quelque chose, et à se faire obéir.

« 14° A ne point abuser du pouvoir de maître en demandant trop ou avec trop de rigueur ce qu'on a droit d'exiger, comme, dans le cas où un écolier ne pourrait ou ne voudrait point apprendre sa leçon, si l'on doublait, si l'on triplait sa tâche ; encore, comme dans le cas où il refuserait de subir un châtiment, si on l'augmentait, ce qui le jetterait dans le découragement, dans le dépit, l'abrutirait et peut-être le porterait à la résistance, à la révolte.

« 15° A proportionner la tâche et

le devoir à la capacité et au caractère de chaque élève.

« 16° A ne pas céder en face de caractères durs et opiniâtres, et à ne pas se relâcher de la juste fermeté qui doit les réprimer. »

Nous n'ajouterons rien à un résumé si clair et si intelligible. Seulement il faut observer que, si, à l'ombre des qualités si précieuses qu'on exige des maîtres, si avec les sages principes qu'on vient d'exposer, l'enseignement devait être plus soutenu, plus suivi, plus utile, il demandait encore à être établi sur des bases à la fois uniformes et invariables, dans toutes les écoles, quelles qu'elles fussent. Or, c'est précisément ce qui résulte du plan, du programme et des moyens d'exécution, si lucidement exposés dans la *Conduite des écoles* (1), à la suite des

(1) *La Conduite des écoles* est apparemment demeurée à l'état de manuscrit, du vivant de

règlements pour chaque jour de la semaine, pour chaque heure du jour.

En voici l'énoncé : « 1° *Exercices de l'école et manière de donner chaque leçon ;* 2° *Moyens d'établir et de maintenir le bon ordre dans les écoles;* 3° *Devoirs de l'inspecteur et du formateur de nouveaux maîtres.*

Ces trois points de vue font le sujet et la division du *Traité.* Contentons-nous de cette courte indication et passons outre tout développement, par la raison que les détails d'une réglementation si habilement circonstanciée nous conduiraient trop loin. Les personnes que cet ordre de choses intéresse ou devrait intéresser (combien n'y a-t-il pas !) s'applaudiraient de lire avec attention

M. de La Salle, car la première édition n'a eu lieu qu'une année après sa mort (1720), à Avignon, avec la vignette symbolique de deux enfants ailés, se donnant la main, et portés par un séraphin, qui est l'ange de la science.

l'ouvrage même, et s'édifieraient en voyant que tout y est prévu, que tout y est marqué au coin de la plus stricte régularité, qu'enfin, tout, pour former l'élève, commande au maître l'esprit de sacrifice, le renoncement à soi-même, durant la journée tout entière.

Ce second ouvrage, la *Conduite des écoles*, est donc également d'un intérêt majeur à tous égards. D'ailleurs, indépendamment des idées fondamentales, dues à l'habile La Salle, qui a si savamment légiféré sur ces questions, l'expérience des Frères y a joint, en raison des besoins survenus, bon nombre de procédés, sanctionnés par diverses assemblées de l'Institut. Déjà, à l'heure qu'il est, ont eu lieu vingt ou vingt-une assemblées générales de la Congrégation.

II

ENSEIGNEMENT SIMULTANÉ.

Ce qui, entre toutes choses, nous a paru le plus admirable, comme procédé, dans l'Institut lassallien, c'est que l'enseignement individuel, pour lors le seul en usage dans les écoles, en ait été hardiment rejeté. Une initiative, une amélioration de cette importance a été jugée en ces termes par M. Droz, déjà cité : « Ses (de M. de La Salle) méditations assidues et la force du génie lui firent inventer le mode simultané, qui sera dans tous les temps une des plus utiles découvertes de l'esprit humain. » C'est pourquoi nous avons jugé à propos de traiter, dans la section des écrits lassalliens, de cette grande question du mode simultané, quoique néanmoins elle eût également pu trouver sa place plus loin, où il s'agira de la marche que suit dans son école le disciple de La Salle, et tout bon instituteur, où qu'il se trouve.

Il semble, de prime abord, que le mode de l'enseignement individuel est le plus simple, le plus commode. Il consiste à prendre les enfants l'un après l'autre et à donner isolément à chacun d'eux sa petite leçon. Mais si, dans une école, où l'on passe environ trois heures par séance, se trouvent réunis quarante, cinquante et même soixante enfants, combien de minutes le maître pourra-t-il consacrer à chaque élève ? Quatre ou cinq minutes, à peine, pendant que tous les autres enfants seront communément inoccupés. Travail stérile pour les quatre cinquièmes d'entre eux, et situation intolérable pour tous. Eh bien! c'était le mode généralement suivi et à peu près le seul connu, lorsque M. de La Salle commença à s'occuper de l'instruction primaire. Beaucoup de personnes ignorent combien on était en retard sous ce rapport. Une particularité à ce sujet nous permettra de juger du reste : On avait l'habitude, chose étrange! d'enseigner la lecture du latin avant celle du français, probablement par suite de l'aveugle manie d'observer la succession historique des deux langues. Or, qui le croirait? Pour venir à bout de détruire cette routine défectueuse et inexplicable, M. de La Salle fut obligé de rédiger une dissertation, bien raisonnée et démontrant les nombreux inconvénients qui en résultaient pour maîtres et élèves. Cela nous donne la mesure du service qu'a rendu alors le mode simultané. Par ce genre d'enseignement les enfants sont groupés suivant leurs degrés d'instruction... Lorsque, par exemple, il s'agit de lecture, « le maître ouvre son livre, et d'un signe fait commencer la leçon. Un enfant la dit, tous les autres suivent. » « *Pendant qu'un lira,* dit la *Conduite, tous les autres de la même leçon suivront dans leur livre qu'ils doivent toujours avoir en main.*

« *Le maître veillera avec un très-grand soin à ce que tous lisent bas ce que le lecteur dit haut,* et fera de temps en temps *lire à ceux-ci, ceux-là, quelques mots en passant, pour les surprendre et reconnaître s'ils suivent réellement.* »

« Ce procédé semble bien simple, et ce n'est qu'au commencement du dix-huitième siècle qu'il fut inauguré par le vénérable de La Salle, et plus ou moins généralisé dans les écoles. Cette grande invention n'a pas deux cents ans de date.

« L'enseignement simultané était le premier caractère de la méthode lassalienne (1). Il avait pour résultat de faire de la classe, au lieu d'une série de petites répétitions particulières, isolées, indépendantes, une opération unique, dans laquelle tous les esprits et toutes les volontés convergeaient vers un même but. Ainsi, plus de minutes perdues, la leçon est donnée tout entière à tous. Bien plus, les enfants deviennent les uns vis-à-vis des autres les coopérateurs de leur propre instruction.

« Faisant ensemble une seule et même chose, ils s'appliquent à la bien faire, et aucun d'eux n'ose se

(1) J'adopte les réflexions de M. Ravelet sur le mode *simultané*. Elles résument avec assez d'exactitude ce que j'ai enseigné, au cours de méthode, sur cette ingénieuse amélioration de M. de La Salle ; de plus, plein de confiance dans l'autorité de ce même M. Ravelet, je m'empare de l'adjectif *Lassallien*, *Lassallienne*, dont il a fait usage. C'est le moyen d'abréger.

distraire pour n'être pas distancé..... chacun suit, l'émulation le pousse. Il surveille et suit attentivement celui qui lit, prêt à le reprendre, si l'occasion s'en présente. La netteté des signes, la précision des ordres, la vigilance du maître ne laissent place à aucune confusion, à aucune erreur... On lit avec régularité, la cadence aide à la mémoire et soutient l'attention. »

Du mode simultané, on est tout naturellement arrivé à celui qu'on appelle *mutuel*, puis au mode *mixte* qui tient de la nature de l'un et de l'autre, lesquels, mis en pratique avec discernement, abrégent et fécondent l'action du maître.

Le concours de nos *moniteurs actuels* dans les écoles a déjà été suggéré par la *Conduite*, car elle recommande de se servir avec prudence de quelques élèves pour reprendre leurs camarades et de dire à leur place ce qui aurait été manqué. Elle va plus loin : il faut laisser en chaque section des élèves un peu plus capables, afin de maintenir l'ensemble à une certaine portée. On comprend que c'était marcher à grands pas vers l'utile office des *moniteurs*.

Ce que nous avons à dire des ouvrages de M. de La Salle ne saurait mieux se terminer que par une citation empruntée à l'un de ses biographes. « Lorsqu'il eut achevé son œuvre sous les yeux de Dieu, il résolut d'envoyer à Rome deux de ses disciples solliciter l'approbation du Souverain Pontife; le manque seul d'argent retarda son projet. Enfin il se décida à députer deux Frères. Ils partirent avec *cent francs* pour les frais de la route et du séjour. L'un d'eux succomba aux fatigues et aux privations. L'autre, Gabriel Drolin, persévéra dans la mission confiée à sa foi et à son dévouement, il resta vingt-six ans à Rome et ne rentra en France qu'à soixante-cinq ans, apportant avec lui l'approbation de l'Institut. »

« Oh!... qu'ils sont insensés et coupables les pygmées qui voudraient détruire en vingt-quatre heures des institutions que l'Église a méditées si longuement et où elle a mis tant de sagesse! (1) »

Remarque en forme de corollaire.

Les principes contenus dans les ouvrages que nous devons à M. de La-Salle ont gagné de proche en proche et ont pénétré tous les bons esprits qui ont le mieux écrit sur la question de l'enseignement primaire. Ainsi on en reconnaît évidemment des traces dans les pédagogistes français, suisses, italiens,

(1) M. Grange.

allemands, anglais, tels que Ambroise Rendu, Salmon, Naville, Girard et Delphin (manuscrits), Reineiri, Nimeyer, Miss Mary Edgewort, etc.

Les écoles dites des *campagnes*, instituées par M. de La Salle, ont servi de modèle à nos écoles normales ; et les écoles *du dimanche* sont absolument comme nos *classes d'adultes* et nos *cours professionnels*.

Une règle de l'Institut ne permettant pas d'accepter les écoles où l'on ne pourrait pas occuper et payer deux Frères, M. de La Salle, pour y suppléer, en faveur des populations rurales, forma de bons instituteurs laïques, et par conséquent non assujettis à des vœux. Ensuite, il les plaça un à un à la tête des petites écoles rurales et autres, pour lesquelles on en faisait la demande. Aujourd'hui, l'Institut n'a pas renoncé à cette œuvre : les écoles normales laïques de Rouen, de Beauvais, d'Aurillac, etc., sont encore confiées à la direction des Frères Lassalliens.

Dans les *écoles du dimanche*, les Frères eurent la charité de réunir des jeunes gens du peuple, illettrés, déjà parvenus à l'âge de dix-huit ans et même de vingt ans et plus ; et réussirent, à force de soins et de dévouement, en leur donnant une instruction chrétienne, vraiment solide, à leur enseigner la lecture, l'écriture, le calcul. On alla même, pour quelques-uns, jusqu'à la géométrie et le dessin.

TROISIÈME SECTION.

LES DISCIPLES

DU VÉNÉRABLE DE LA SALLE

et leurs imitateurs.

I

Extérieur de l'instituteur Lassallien. — Son dévouement. — Son héroïsme. — Son trop peu de satisfaction. — Sa résignation. — Deux systèmes d'éducation en présence. — Le système Lassallien à préférer.

Eclairés par les leçons de M. de La Salle, formés par ses exemples, imbus de ses principes, les Frères des écoles chrétiennes s'établissent inébranlablement dans le bien, s'aguerrissent contre eux-mêmes, se dévouent, s'immolent quotidiennement et s'élèvent de degré en degré jusqu'à l'héroïsme ; c'est véritablement en ce genre le beau idéal réalisé.

Convenons, pour être juste, que nous rencontrons quelquefois, dans le personnel de l'instruction publique, congréganiste ou séculier, n'importe, des instituteurs également bien méritants, par la raison qu'ils marchent sur les traces des disciples lassalliens.

Il y a des marques auxquelles on reconnaît tout spécialement le disciple de M. de La Salle. En voici quelques-unes : maintien en tout conforme à la modestie, aux plus strictes bienséances ; regard à la fois plein d'assurance et de bonté ; attitude digne et toujours avenante ; posture droite, mais sans raideur, sans gêne ni affectation ; vêtements simples, communs, il est vrai, mais propres ; abord gracieux et non empressé, éloigné de toute exagération ; assez circonspect dans ses paroles pour être proposé à la jeunesse qui l'entoure, comme modèle de convenances ; ton ferme, c'est nécessaire, et néanmoins ni dur, ni fier, ni austère, et étranger à tout indice de violence ou d'emportement. Pas de précipitation chez ce vertueux instituteur, pas d'inconséquence ni de légèreté ; enfin usant constamment et partout d'une exquise politesse (1).

Très-honoré du rang qui lui est assigné, n'importe lequel, il n'articule pas un mot de plainte. Désireux d'obéir, dût-il lui en coûter étrange-

(1) Toutes les bienséances, exactement enseignées par le vénérable de La Salle, dans son petit traité de la *Civilité chrétienne*, passent directement dans la conduite des maîtres et dans les habitudes des enfants, qui sans cela seraient pour la plupart mal élevés.

ment, il ferme son cœur aux plus légers sentiments de rivalité envers des collègues, avec lesquels il doit être uni par des liens indissolubles. Il ne se prévaut en aucune manière des aptitudes dont il est doué, ni des succès qui le distinguent. Dans sa conduite, invariablement d'accord avec ses principes, il donne en toute circonstance l'exemple des vertus qu'il enseigne.

Oui, répétons-le, les maîtres, formés à l'école de La Salle, se perfectionnent, *s'immolent quotidiennement, et montent de degré en degré* jusqu'à l'héroïsme, c'est le mot, jusqu'à l'héroïsme pour toutes les grandes et saintes choses (1) : Ne les avons-nous pas vus,

(1) C'est assurément le reflet de l'abnégation de M. de La Salle qui, après le sacrifice de son patrimoine, de sa prébende, renonce encore à la direction de son Institut (en 1717) pour s'annihiler de plus en plus dans les secrets de la vie mortifiée, et de se dégager tout à fait des objets terrestres.

pendant le siége de Paris, (qui l'aurait oublié !) se précipiter sur le champ de bataille, se jetant dans la mêlée, affrontant mille périls, bravant des grêles de projectiles meurtriers, pour arracher à la mort d'infortunés combattants, atteints par les traits de l'ennemi! C'est à juste titre qu'on leur a décerné l'étoile des braves, ainsi que la récompense due à la vertu, je veux dire le prix Montyon. Rien de mieux mérité ; jamais décisions plus sages de la part du gouvernement et de l'Académie.

Des actes aussi éclatants, aussi prodigieux, sont au dessus de nos éloges, et méritent d'être proposés à l'admiration publique pour les temps présents et à venir.

Et cependant, prenons-y garde, ces héros d'un jour, ces vaillants infirmiers, qu'exposent-ils? — Une vie déjà vouée sans réserve à des privations, à des sacrifices non interrompus jusqu'au tombeau. En réalité, par cette action surhumaine, il est vrai, mais passagère, ils ne font, après tout, qu'abréger leur martyre. Oh! véritablement, quelque soit leur mérite, ils m'étonnent moins, ils m'inspirent moins d'admiration que cet humble frère instituteur, au dévouement soutenu, à la persévérance incessante, pendant une longue série d'années, ignoré qu'il est du monde, où il a tout laissé, jusqu'à son nom, et humblement caché au fond de sa modeste école avec ses secrètes privations et ses sacrifices connus de Dieu seul. Lui, plein de raison et de virile sagesse, obligé de subir et de morigéner, six à sept heures chaque jour, des enfants qu'ont à peine effleurés les premières lueurs de l'intelligence humaine; lui, rempli de zèle et de bon vouloir, laborieux, n'aspirant qu'à remplir utilement ses obligations, pour n'être, hélas ! en correspectif de ses peines et de ses efforts, que trop souvent en butte au blâme, aux reproches immérités d'un père, d'une mère idolâtres de leurs enfants, ou indignement trompés ! A qui le comparer dans sa patience dévouée ? Quelle vertu !

N'est-ce pas là un autre héroïsme, d'autant plus prodigieux qu'il est plus caché et plus long ! Continuons : à l'issue de ses laborieuses et interminables séances quotidiennes, accablé de fatigue, privé de consolations extérieures à l'exercice de son emploi, rencontrera-t-il du moins, dans un régime soigné et dûment réparateur, l'avantage de récupérer ses forces épuisées ? Pourra-t-il y goûter quelques légitimes et innocentes satisfactions ? Nous ne savons, car le régime alimentaire de la

Congrégation est forcément d'une frugalité peu croyable pour quiconque n'en a pas été le témoin oculaire. Et, pourrait-il en être autrement? Étant donnée, tant qu'on voudra, la sage économie des maisons religieuses, quel bien-être, quel confortable, s'il vous plaît, au moyen d'un si minime traitement (1), qui n'égale pas la moitié du salaire d'un garçon de ferme? Traitement néanmoins qui doit suffire à tout : nourriture, vêtements, linge, livres, frais de déplacement pour la retraite annuelle et pour le cas de changement de communauté. C'est pourquoi, en fait d'entretien, disons-le : privations habituelles, ou plutôt guerre implacable, incessante à notre pauvre nature

(1) Je connais un établissement de Frères des écoles chrétiennes où, tout calcul exactement fait, chacun d'eux n'a que soixante-quinze centimes par jour, pour son alimentation.

déchue qui n'abdique jamais ses droits sans résistance.

Et quelles satisfactions, d'ailleurs, je vous prie? Au lieu des égards qui lui sont dus, à tant de titres, dans la société, que d'humiliations, par le temps qui court ! que de dédains, que d'outrageantes imputations parmi les insanités de la mauvaise presse ! Pour cet homme de dévouement, point d'indulgence ! la plus légère apparence d'imperfection est une affreuse réalité. *Calomnions, calomnions*, tel est le mot d'ordre.

Il y a plus ; que d'autres épreuves qui, pour être intérieures, n'en sont pas moins redoutables ! *Inimici domestici ejus*. On devine qu'en présence de la plus décevante ingratitude, de la plus horrible perfidie, de la plus criante injustice, on devine tout ce qui peut surgir parfois de trouble, d'amertume, de regret peut-être, de défaillance, de découragement!

Toutefois, le disciple lassallien sera inébranlable dans ses résolutions et dans sa conduite, soyons sans inquiétude : par sa volonté offerte à Dieu, par la vigueur acquise au pied de la croix, par la perspective de la mort, pénétré profondément de ces principes qui forment les ressorts de l'âme et constituent l'énergie de l'instituteur ; n'ayant, dans ses épreuves, que la louable ambition de ressembler à son maître, à ce vénérable fondateur, dont toutes les minutes, depuis le début de sa magnifique entreprise, ont été trempés de larmes : non, non, il ne faillira pas. Il supportera courageusement les peines et les travaux de son sublime apostolat.

Quel trésor pour le pays qui a le bonheur de posséder des instituteurs aussi vertueux, aussi habiles! Oui, aussi habiles, car, il faut l'avouer, si les Frères des Écoles chrétiennes sont le plus souvent attaqués, de nos jours, ce sont aussi ceux de nos congréganistes qui réussissent le mieux dans l'éducation de la jeunesse ; la démonstration s'en fait tous les jours.

Prêtez-leur donc aide et secours, parents chrétiens, ne leur faites pas marchander votre appui, vous qui avez à cœur l'éducation de vos enfants. Couvrez-les de votre égide, ô magistrats, administrateurs, qui prenez souci de maintenir l'ordre, la tranquillité, les bonnes mœurs ; car le moment de les soutenir est venu. Et, pourquoi? Ah ! c'est qu'à l'heure présente, deux partis opposés se disputent la tâche décisive d'instruire la jeunesse ; et cela, par le motif que du jour où l'on donnera telle ou telle direction au jeune âge, on perdra ou sauvera les nouvelles générations. On devine que l'un de ces partis est en complète divergence avec les Frères et avec ceux qui partagent plus ou moins leurs convictions. Or, ce parti ne demande que de l'instruction et point d'éducation, absolument point. De *l'instruction*, c'est tout, et une instruction étrangère à nos croyances religieuses, une instruction sans foi, sans Dieu, en un mot toute matérielle. Système déplorable! système plus funeste à une nation que les mitrailleuses et les torpilles! Non, là ne sauraient être l'école du dévouement ni celle du patriotisme et de la discipline. Ce n'est rien moins qu'un précoce apprentissage d'insubordination, ensuite de blasphème, d'égoïsme et plus tard de vociférations furibondes contre l'ordre social. Comment des chefs de famille sont-ils assez mal avisés, assez peu clairvoyants, pour tolérer un genre d'enseignement où le cœur est littéralement oublié, où le cœur n'est assujetti à nul frein, soumis à nulle maxime ? En souscrivant à un semblable système, ils sont mille fois plus cruels que la fausse mère qui figure au célèbre jugement de Salomon. Celle-ci, revendiquant effrontément, il est vrai, les droits sacrés d'une maternité à laquelle elle est étrangère, avait la barbarie de consentir au sanglant partage de l'enfant en litige; mais toutefois il ne s'agissait que de la vie physique, moins précieuse mille fois.

Mais ceux-là ont la cruauté de tolérer, de prôner même un genre d'instruction seulement intellectuel, d'où est exclue la vie du cœur; cet enseignement est loin de suffire.

Nul doute cependant que l'esprit humain ne puisse, malgré tout, porter très-loin la science; déjà il se vante, et avec raison, d'avoir fait des conquêtes et d'être arrivé au progrès, tel du moins qu'on l'entend de nos jours. Personne ne le conteste, et on l'a même proclamé du haut de la chaire de vérité : « L'homme est parvenu à dominer les éléments pour les assujettir à ses besoins et à ses plaisirs ; *il vole avec des ailes de feu, il marche avec des pieds de fer.* » Mais, que va-t-on en conclure ? Que la science est la panacée universelle ? Quoi donc ? Nos vandales de récente date, gens de lettres, journalistes, peintres, poëtes, jurisconsultes, tacticiens, etc., manquaient-ils de connaissances ? Et qu'ont-ils fait ? Tirons le voile sur des souvenirs qui seraient trop pénibles pour le lecteur, et concluons que le savoir seul, sans le bienfait d'une éducation soignée, est pour le moins un péril imminent, quand il n'est pas déjà un malheur trop réel; concluons que les *Vertus d'un bon maître*, telles qu'on les a constamment enseignées et pratiquées dans l'institution La Salle, seraient infailliblement notre sauvegarde, si elles étaient adoptées comme élément capital de notre pédagogie, sans omettre la *Conduite des Ecoles chrétiennes*, ouvrage également très-précieux, dont les détails sont un chef-d'œuvre de règlementations pour la journée de l'instituteur.

N'est-ce pas à ces deux écrits profondément médités, bien saisis dans leur vrai sens, adoptés pour règle invariable, que l'Institut de M. de La Salle doit, en grande partie, sa popularité toujours croissante? Et n'est-ce pas à cette source féconde, intarissable de bien, qu'ont puisé les instituteurs, encore une fois, (congréganistes ou séculiers) qui s'acquittent pleinement de leurs importantes fonctions? Assurément, c'est là que se sont formés ces *bons maîtres* suivant l'expression de M. de La Salle, qui ont vivement à cœur de remplir, même dans les plus minutieux détails (si minutieux il y a), les devoirs de leur profession. Etrangers aux questions de politique ou d'administration, satisfaits de leur position, ils n'intriguent en aucune façon dans le but de s'élever. Leurs séances, à l'école, si prolongées soient-elles, ne répondent point encore assez à leur louable sollicitude pour l'avancement de leurs chers élèves.

Pendant les instants de leurs loisirs, vous les voyez consulter des ouvrages spéciaux. Ou bien ils vont s'entretenir avec des maîtres experts dans leur art, bien persuadés que ce n'est que par un sage éclectisme qu'ils parviendront aux meilleures méthodes, aux procédés les plus expéditifs, et que par leur seul savoir personnel, ils ne seraient point capables de complètement réussir dans l'éducation proprement dite, qui n'est pas moins qu'un chef-d'œuvre de la raison humaine. Ajoutons que, s'ils sont vraiment chrétiens, ils prient avec ferveur, car ils comprennent qu'ils ont besoin du secours de Dieu.

Attendu le nombre et la capacité des élèves, il adopte pour l'ordinaire le mode d'enseignement *simultané* (1) ou *mutuel* et même *mixte*. Pour le mode *individuel*, il n'est en usage qu'aux écoles fort peu nombreuses.

Quant à la méthode, en général, ou marche dans l'ensemble de l'enseignement des connaissances hu-

(1) Il ne faudrait pas perdre de vue les développements dans lesquels nous sommes entrés sur le mode *simultané*, page 83, et qui auraient pu également être bien placés ici.

maines, elle consiste à diviser, subdiviser et à présenter ces connaissances suivant leurs difficultés respectives; elle consiste à passer du plus facile au plus difficile, du connu à l'inconnu, du simple au composé, en s'avançant d'un pas insensiblement gradué et sagement progressif. D'après ce dernier principe, telle classe qui vous semble aller trop lentement, est néanmoins remarquable par ses progrès. Et pourquoi? Ah! c'est que là, tous les élèves *savent bien ce qu'ils savent*, qu'on me pardonne cette locution; c'est que chaque pas est fait assez solidement pour être définitif. De là un avancement plus considérable que les apparences ne semblent l'annoncer.

Après cela, il est de la plus haute importance de suivre les procédés, essentiellement pratiques, que voici : *Faire comprendre les matières* à étudier, les *faire retenir*, les *faire* immédiatement *appliquer* à des exercices analogues.

D'autre part, les sujets d'étude et le degré d'instruction des élèves appellent tantôt l'analyse, tantôt la synthèse. C'est, par conséquent, ici l'analyse grammaticale ou logique, là, entre autres procédés, le judicieux et fréquent usage du tableau synoptique (1), moyen mnémotechnique et tout-à-fait rationnel, qui est d'un grand secours dans l'enseignement. Il y produit toujours un effet considérable, parce que, en fort peu de

(1) Sous le régime sarde, à l'école de méthode, on expliquait très-soigneusement aux instituteurs les avantages du tableau synoptique.

On leur démontrait jusqu'à quel point était exacte ou non, la division des ouvrages adoptés dans les écoles. Et, pour arriver à cette démonstration, l'*index* des matières contenues dans l'ouvrage était soumis au procédé du tableau synoptique ; moyen toujours infaillible de s'assurer de l'exacte filiation des idées et de leur rigoureux enchaînement.

mots, il met sous les yeux des idées générales et d'ensemble, en montrant la liaison qu'il y a entre les parties consécutives d'un tout compacte, dont elles forment, en quelque sorte, la charpente.

II.

L'instituteur lassallien dans son école. — Ses divers procédés. — Le signal. — Système pénitentiaire. — L'enseignement intuitif. — Les leçons de choses. — Le dialogue. — Importance de la mission des Frères. — Le titre d'ignorantin est une insulte gratuite.

Ces réflexions sur les disciples lassalliens et autres instituteurs d'un vrai mérite, ainsi que sur l'enseignement, en général, soumises à l'appréciation d'un ami, digne de confiance, ne le satisfirent pas complètement. « Voilà, me dit-il aussitôt, sur les qualités et la conduite plutôt morale d'un *bon maître*, des considérations qu'on ne peut qu'approuver, et beaucoup même, mais je les désirerais plus spéciales et plus circonstanciées, dans ce qui regarde l'élève, en face du maître. Croyez-moi, entrez dans les détails de la journée laborieuse de l'instituteur; vous le connaissez assez, montrez-le-nous à l'œuvre dans son école même, dussiez-vous réitérer quelques-uns de vos principes. — Eh bien ! oui, répondis-je, allons de ce pas dans son école, et voyons : l'entrée s'y fait à heures fixes, toute l'année, sous les yeux du maître, qui y précède toujours les élèves.

S'y présente-t-il des étrangers, ils sont accueillis avec une politesse bien attentionnée : debout, dans une attitude respectueuse, les élèves ne laissent apercevoir aucune marque de dissipation, pas le moindre indice de légèreté et de moquerie. Interrogés par les visiteurs, ils répondent avec bienséance, jamais surtout par un seul mot. Le *oui* ou le *non* ne va point seul, il est accompagné des principaux mots de la demande, et même, s'il y a lieu, de la qualification de l'interlocuteur.

Dans la salle d'école, tout est sur un pied de propreté fort avenant : bancs, tables, livres, cahiers, encriers, chapeaux, etc.

Chaque enfant, aussi propre que possible, s'est immédiatement mis à sa place, muni, c'est de rigueur, de tout ce qui lui est nécessaire pour se livrer au travail dès le premier signal. Nous disons signal, puisque l'instituteur, excessivement sobre de paroles, se sert d'une espèce de claquoir, pour donner ses ordres, sans rompre le silence, étant démontrée cette vérité que là seulement est une bonne marche d'école et d'éducation, où règnent le recueillement et le silence, ainsi que le respect soit la discipline, le claquoir (appelé quelquefois le signal) est par conséquent très-utile, pour ne pas dire indispensable. Et voici ce qu'en disent les connaisseurs, notamment M. Ravelet, dont nous allons citer les paroles. L'instituteur placé à la tête de soixante et même quatre-vingts à cent élèves, ne ferait impunément dominer sa voix six à sept heures par jour et pendant de longues années. Impossible à lui de suffire à un tel travail.

Comment donc s'y prendra-t-il? — Il ne parlera que si c'est absolument indispensable. Croyez le, son silence imposera puissamment et maintiendra dans le respect. Le claquoir, ou signal, petit instrument de bois, fort en usage dans la Haute-Savoie, depuis le cours de méthode, « servira de communication habituelle entre le maître et les écoliers, et fera connaître à ceux-ci les volontés de celui-là. Le signal ouvrira la leçon, la fermera, marquera les erreurs, indiquera le passage d'un exercice à l'autre et changera le tour des élèves. Quelques maximes accrochées aux murs de la classe, et quelques signes expressifs compléteront le langage. L'enfant saura d'un geste qu'il a péché et verra le doigt accusateur de son maître tourné vers la règle qu'il a enfreinte. Par un geste aussi il saura s'il doit être corrigé et quelle peine il va recevoir. Quant à la leçon, c'est l'enfant lui-même qui la répète. Il épèle, il lit, ses camarades suivent avec lui, et le signal, faisant passer la parole de l'un à l'autre, tient leur attention en éveil. Le maître écoute et regarde. Il ne parle que pour expliquer et reprendre. »

Quiconque visite aujourd'hui une école où tout est commandé par le signal, se dit étonné de l'ordre qui ne cesse d'y régner, de l'attention des enfants et de leurs progrès. Qu'on y prenne garde, et l'on verra que là l'instituteur parle excessivement peu ; un geste, un coup de claquoir, voilà son langage ordinaire. Une multitude d'yeux sont fixés sur lui pour recueillir ses leçons qui passeront à autant de jeunes intelligences.

Aussi, tous ceux qui ont sérieusement, au point de vue de la pratique, examiné la question de la parole du maître d'école, sont invariablement portés à croire qu'il y a, sous ce rapport, de graves abus à corriger; que, sous le spécieux prétexte de zèle, on dépasse de beaucoup les bornes voulues, qu'il y a des intempérances de langage, d'un côté bien fatigantes et de l'autre bien nuisibles. C'est pourquoi, que le maître se serve du signal, qu'il soit bref en paroles, se souvenant des excellents avis de nos poëtes classiques :

« Tout ce qu'on dit de trop est fade et rebutant,
« Et l'esprit rassasié le rejette à l'instant. » BOILEAU.

Quidquid præcipies, esto brevis. HORACE.

A propos de discipline, l'instituteur suit invariablement cette règle : *douceur* et *fermeté*, en n'exagérant ni l'une ni l'autre de ces deux qualités. C'est par le sage mélange qu'il en fait, qu'il obtient le plus d'autorité (1). Il s'étudie soigneusement à prévenir

(1) Consulter avec attention ce que nous avons dit touchant les moyens d'exercer et de maintenir l'autorité, page 76.

les fautes et ne punit que celles dont la certitude lui est démontrée, et celles qui sont commises en récidive, car une première faute, sauf qu'elle soit grave et scandaleuse, passe inaperçue, ou n'est l'objet que d'un avis paternel.

Pour les manquements d'une certaine gravité, ils ne sont punis qu'après mûre réflexion. Jamais il ne frappe ni n'inflige des peines corporelles. L'élève indocile, récalcitrant, est quelquefois isolé de ses camarades et mis dans un coin de la salle comme peu digne d'appartenir à l'école, jusqu'à ce qu'il se soit amendé.

Quant aux *pensums*, outre qu'ils sont rares, il n'en est aucun qui consiste seulement à écrire tant de lignes, par exemple, ce qui serait un abus des plus déplorables; mais tous devront être utiles, au point de vue de la classe.

D'autre part, il ne se livre pas à des menaces peu exécutables, car il doit exiger strictement ce qu'il a commandé avec justice, et se montrer ferme, invariable, égal envers tous ; ainsi que nous l'avons déjà recommandé.

Pour les matières à enseigner, fixées par le programme émané de l'autorité compétente, celles qui sont de rigueur ont le pas sur tout ce qui n'est que facultatif.

Toutes les parties de l'enseignement dont il est chargé, il a le soin de les prévoir et de les préparer à l'avance, d'après la connaissance qu'il a de la portée des élèves et de leurs dispositions ; condition essentielle d'un succès prompt et assuré (1).

(1) Ce que l'on conçoit bien s'énonce clairement,
Et les mots pour le dire arrivent aisément.
BOILEAU.
Verbaque provisam rem non invita sequentur.
HORACE.

Il se garde d'être verbeux (comme nous l'avons insinué plus haut), défaut extrêmement condamnable dans l'enseignement. Il se reprocherait un mot superflu et marche sans ambage vers le but, afin d'être écouté sans trop de fatigue et avec fruit. Sachant jusqu'où ses élèves peuvent soutenir leur attention, de manière à rendre facilement compte de ce qu'ils viennent d'entendre, il se prescrit des limites qu'il ne dépasse jamais, et tout aussitôt, après une explication, il met en demeure ses jeunes auditeurs, successivement les faibles, les médiocres et les plus capables, de répéter, tantôt en détail, tantôt en résumé, ce qu'ils viennent d'entendre. On conçoit qu'en perspective de cette obligation, les élèves soient plus attentifs et s'instruisent plus rapidement.

Car, à quoi bon des développements et des explications qui n'auraient d'autres résultats que d'ennuyer ? Ne seraient-ce pas fatigue et perte de temps de part et d'autre? Dieu veuille qu'il n'y ait pas de très-graves abus à cet égard ! D'ailleurs, disons-le une fois pour toutes, le maître parle moins que l'élève. Le savoir, l'ordre, la clarté et l'exactitude sont assurément des qualités fort précieuses, toutefois elles ne suffisent pas.,

Ce qu'il faut encore, c'est de la persuasion, de l'entraînement et même de l'enthousiasme. Il se tient en garde contre le ton indifférent, froid, glacial, qui frappe de stérilité les leçons les plus savantes.

L'enseignement par le concours des yeux, appelé *intuitif*, est d'un effet prodigieux, parce qu'il n'exige aucun effort chez les enfants et que le résultat en est instantané (1). C'est ce qui nous explique pourquoi on a multiplié dans les salles d'école, les tableaux noirs, les bouliers-compteurs, les gravures, les dés numérotés, surtout pour le système métrique, les solides pour la géométrie et le dessin linéaire, les cartes géographiques, les globes terrestres et célestes, muets ou peints, etc.

En vérité, l'instruction par la vue est, en matière d'enseignement, ce que le levier est dans la mécanique, et cela pour tous les âges, à commencer dans nos salles d'asile jusqu'aux auditoires les plus sérieux. L'attitude et la gesticulation du professeur, son ton de voix, son regard,

(1) *Segnius irritant animos demissa per aurem,*
Quam quæ sunt occulis subjecta fidelibus...

« Ce qui n'entre que par les oreilles, émeut plus faiblement le cœur que ce qui est mis sous nos yeux, et dont nous nous assurons nous-mêmes par cet organe fidèle. » HORACE.

voilà de l'enseignement *intuitif*. Le style parsemé d'images, de comparaisons, de proverbes, de traits historiques, plaît à tout le monde; or, est-il autre chose, plus ou moins, que l'enseignement intuitif, puisque les yeux se fixent mentalement sur les personnages, sur les édifices, sur les faits dont il s'agit? Vous reconnaîtrez aussi l'habileté d'un instituteur lorsque vous l'entendrez indiquer aux élèves certains moyens mnémotechniques auxquels ils recourront avantageusement pour graver dans leur mémoire les idées les plus importantes de ce qui fait l'objet de leur étude.

Ces moyens mnémotechniques sont quelquefois l'ordre alphabétique, la succession et l'ordre des temps, la filiation et la division naturelle des idées, en matière physique, ou morale, ou métaphysique, les circonstances de temps, de lieux et de personnes, etc.

Vous admirerez également l'instituteur, quand il donne des leçons de choses ; c'est ainsi qu'on appelle des explications sur des objets d'industrie, telles que la fabrication du papier, par exemple, la culture de quelques plantes du pays, etc.

Sachant que le dialogue est un exercice fort avantageux quand il est fait avec soin et précaution, il y recourt fréquemment. Ses questions sont toujours adéquates, claires, courtes, intéressantes, en termes ordinaires, et il exige que la réponse soit polie, exacte, qu'elle reproduise une partie de la demande, au moins le verbe. Exemple :

D. Qu'est-ce que la grammaire? R. *La grammaire est* l'art, etc., et non pas seulement : R. C'est l'art.

D. Qui est-ce qui a créé le monde?

R. C'est Dieu qui a créé le monde.

Fait-il des allocutions, donne-t-il des avis, en dehors des matières à enseigner? Il s'en acquitte de manière à intéresser ses jeunes auditeurs, accompagnant ses théories et ses observations d'exemples bien choisis. Son ton est paternel, quelque peu accentué cependant, afin d'exciter et d'obtenir l'attention générale. Et il a grand soin de se tenir dans les bornes d'une sage modération, évitant tout propos désobligeant, toute ironie ou plaisanterie blessante.

Nous n'avons pas encore parlé de ce qu'il y a de plus important peut-être pour un instituteur dans l'exercice de ses fonctions, je veux dire *l'enseignement d'occasion*, ainsi qu'on est convenu de l'appeler aujourd'hui. Le moment n'en est point fixé réglementairement, il est déterminé par les circonstances : c'est, par exemple, un fait historique, c'est un trait édifiant qu'il est avantageux de commenter pour l'éducation morale et religieuse d'une école, attendu qu'ils s'y prêtent naturellement. Ce sont des dispositions dangereuses, des défauts à corriger, des écarts à prévenir ou à réprimer à l'instant même dans quelques enfants, non-seulement pendant la classe, mais plus souvent encore pendant les récréations.

Le sujet, en général, de l'enseignement d'occasion est l'ensemble des grands principes de la religion et de la société : un Dieu tout-puissant rémunérateur de la vertu et vengeur du vice ; les saints envisagés comme nos modèles et nos patrons ; les espérances du chrétien, assurées ; les consolations célestes ; la magnificence des solennités religieuses ; le souvenir des morts ; l'amour et le respect des parents ; l'attachement au sol natal; la soumission aux autorités; enfin l'abrégé de tout ce qu'il y a de sages avis sur l'éducation, sur le support mutuel entre nous, sur le respect de la propriété, sur le mérite et la nécessité du travail, etc. Enfin, tout ce qui nous touche essentiellement, depuis notre premier pas dans la vie jusqu'au tombeau.

Examinons avec quelle ingénieuse et quelle infatigable sollicitude un bon maître d'école pratique ce genre d'enseignement dans sa classe : son ton est ferme, sans cesser d'être agréable et sympathique; ses réflexions courtes, charitables, ne pouraient, ne sauraient être mieux adaptées aux besoins des élèves : pendant le laisser-aller et les débats des récréations, où le jeune âge, tout entier au plaisir de l'amusement, se montre le mieux tel qu'il est : oh!

c'est là que, remplissant tout-à-fait le rôle de père et de mère, l'instituteur reprend en toute charité et avec l'accent le plus affectueux, les enfants qui s'oublient envers leurs égaux, envers eux-mêmes. Manière admirable d'élever l'enfant, manière que rien ne saurait remplacer, manière, disons-le hautement, dont nous avons admiré les prodigieux résultats, au petit séminaire du Chardonnet, à Paris. C'était en 1841. Avec quel zèle, et, en même temps, quel succès ce genre d'enseignement était pratiqué par l'habile et célèbre supérieur de cet établissement, Mgr Dupanloup, cet infatigable et fidèle ami de la jeunesse, qui a si bien mérité de la capitale, d'abord par l'instruction religieuse donnée au jeune âge (catéchisme et première communion, quels souvenirs !), ensuite par ses constants efforts tendant à élever de plus en plus le niveau des fortes études classiques, surtout des humanités ; enfin, par les luttes qu'il a si glorieusement, si efficacement soutenues pour la liberté de l'enseignement jusque dans les plus hautes sphères. Déjà, en 1850, il portait un coup terrible au monopole universitaire, et, en 1874, dans la plus auguste assemblée, puisqu'elle est souveraine, il obtint, pour la même cause, un triomphe digne de son éloquence, digne de son dévouement, et que la vraie France de tous a salué avec un indicible enthousiasme.

Mais revenons à notre école. Après une courte prière, la sortie se fait sans tumulte, les rangs se forment aussitôt dans l'ordre déterminé et continuent jusqu'à l'endroit fixé.

Ayant pris un moment de repos, l'instituteur ne laisse pas, pendant l'intervalle d'une séance à l'autre, de parcourir les cahiers, y indiquant par des signes ou annotations les passages défectueux que l'élève devra convenablement retoucher. Par ce moyen, il éclaire son opinion sur la capacité absolue et relative de chaque élève, afin de faire en temps et lieu d'utiles observations.

Si le degré de la classe comporte l'usage, à tous égards fort important, de la composition hebdomadaire, en fait de littérature, grammaire, de calcul ou autre branche d'instruction, dont le résultat détermine principalement les distinctions annuelles des élèves, il se livre sans délai à l'appréciation de ce travail, afin de se mettre à même, après trois jours au plus, d'en rendre un compte exactement annoté, et de pouvoir, avec pleine connaissance de cause, assigner à chacun le rang qu'il mérite. Ce corrigé ne manque pas d'exiger de longues heures de travail, puisqu'il doit être soigné, pour que, le cas échéant, il puisse sans inconvénient être contrôlé par les supérieurs et par les élèves eux-mêmes; ce qui produit toujours le meilleur effet, en donnant une haute idée de l'exactitude et de l'impartialité éclairée du maître.

Toutes les qualités, toutes les habitudes, très-désirables, dont nous venons de faire un court exposé, sont assez reconnues, assez appréciées pour que journellement nous ayons la satisfaction d'entendre les chefs de famille, et en particulier ceux qui prêtent sans faiblesse leur appui à l'instituteur dans l'accomplissement de sa laborieuse tâche, se féliciter des soins dévoués et intelligents qui sont prodigués à leurs enfants; non pas sous le rapport de l'instruction seule, mais aussi et bien davantage encore, sous celui de l'éducation :

devoirs envers soi-même, envers Dieu, envers le prochain, et notamment, affection respectueuse à l'égard des parents, soumission aux autorités civiles et religieuses. Rien n'est oublié.

Ah! si toute notre jeunesse française avait été confiée aux soins de tels instituteurs, elle n'aurait sûrement pas encouru le blâme sanglant, hélas! trop mérité, que le P. Félix lui infligeait solennellement un jour devant son brillant auditoire, à Notre-Dame de Paris : « *La jeunesse française est mal élevée.* » C'était la conviction de ce célèbre conférencier, non moins que celle de tant d'autres personnages. Qu'est-ce à dire, sinon qu'il faut indispensablement, et sous peine des plus grands désordres, réformer l'enseignement à bien des égards? C'est là un point capital : « *Réformez l'éducation, et vous ré-*

formerez le monde (1) : Oui, inculquez des principes de subordination et de charité, réformez les rapports des subalternes avec leurs chefs, de l'inférieur avec son supérieur : d'une part, soumission, déférence ; de l'autre, modération, bonté, justice, impartialité...., et vous sauverez la société..... »

Qu'elle est belle, votre mission ! Elle est honorable et sainte ! votre mission, ô vous, instituteurs, tous tant que vous êtes, qui, dans la proportion de votre capacité et de vos forces, quelle que soit votre position, concourez efficacement à la réalisation du grand idéal dont le patriarche de notre instruction primaire eut la glorieuse initiative au XVIIe siècle. Abondants seront les fruits de votre sacerdoce au milieu de la

(1) Pensées de Leibnitz.

jeunesse, et votre récompense est assurée, sinon sur la terre, du moins au ciel, où se trouve tout écrit en caractères indélébiles.

Si la reconnaissance ne vous suit pas de près maintenant, elle surabondera peut-être quelque jour. Le nom de M. de La Salle, un instant dédaigné, lui survivra honoré et béni : *cujus memoria in benedictus est*, pendant que celui de ses collègues du splendide chapitre rémois est effacé de nos souvenirs : *quorum non est memoria*. Ce nom de La Salle ayant droit de cité dans le domaine de l'histoire, passera de génération en génération, *de generatione in generationem*, et, de plus, nous l'avons déjà proclamé ailleurs, il sera gravé, non pas seulement sur le marbre et sur l'airain, dont la durée, comme tout ce qui appartient à l'homme, est si limitée, mais dans les fastes de l'Église, fastes qui bravent l'action corosive du temps et la puissance destructive des révolutions.

Ainsi, courage! qui que vous soyez, et persévérance ! Celui qui s'est écrié : « *Laissez venir à moi les petits enfants,* » a montré son inépuisable charité pour cet âge, en ajoutant : « *Ce que vous ferez pour le plus petit d'entre eux, je le tiendrai fait pour moi-même.* » Cet oracle divin sera donc la mesure de votre récompense.

Après les détails, en tout véridiques, dans lesquels nous venons d'entrer, nous nous étonnons de plus en plus de voir le parti qui nous est opposé décerner aux chers Frères le titre contempteur *d'ignorantins*. Sont-ils donc moins capables que nos régents laïques, les congréganistes? Voyons si, aux examens, aux concours publics, les élèves, sortant des écoles chrétiennes, ne l'emportent pas, et de beaucoup, sur les autres; rien de mieux constaté depuis longtemps. Chaque année, c'est établi par les annales académiques. Ainsi l'odieuse, l'injurieuse et partiale qualification dont il s'agit, retombe sur ceux qui l'infligent si gratuitement.

Si toutefois nos adversaires n'appréciaient que l'enseignement secondaire et ceux qui s'en occupent, ils ne seraient en vérité pas de leur temps. Voudraient-ils nous ramener à l'époque où ce genre d'instruction régnait absolument dans le monde et primait tout? Ce serait au préjudice du plus grand nombre de nos jeunes gens, de condition ordinaire, qui, sans subir les longueurs du collége, peuvent arriver à la solution de ce grand problème : *Gagner son pain de chaque jour.*

Nous nous rappelons qu'en 1842, on nous écrivait de Paris : « Si vous nous adressez quelques bons élèves des Ecoles chrétiennes, nous les placerons avantageusement, et tout de suite : *ils soignent leur écriture, ils connaissent la comptabilité et sont fort dociles.*

« Mais, quant à vos collégiens, même plus âgés que ceux des Frères, bien que sans terminer leurs cours, ils aient passé six à sept ans au collége, autant, pour le moins, qu'il leur en aurait fallu aux écoles chrétiennes, nous ne savons pas trop quel parti en tirer. Ils auraient agi plus sagement si, après avoir sérieusement examiné leur position, ils avaient laissé les études secondaires au sacerdoce, aux carrières libérales, pour profiter du grand bienfait de M. de La Salle ; oui, bienfait, c'est le mot, et ils se seraient félicités des soins intelligents et dévoués de nos prétendus *ignorantins.* »

RÉSUMÉ.

Une statue monumentale va être élevée par la ville de Rouen, au fondateur des chers Frères. Le riche souscrit pour des sommes relativement considérables. L'ouvrier apporte son obole.

Jean-Baptiste de La Salle naquit à Reims, d'une famille noble et distinguée. Dès son jeune âge, il se fit remarquer par sa piété, et fut heureux de remplir les fonctions d'enfant de chœur; ce dont il s'acquitta avec une grande édification.

Il parut si évidemment appelé à l'état ecclésiastique, qu'on le jugea digne de recevoir la tonsure à onze ans. Et, à seize ans, il fut chanoine de Reims, sans cesser néanmoins le cours de ses études, car à dix-huit ans, il obtint le grade de maître ès-arts (aujourd'hui licence).

Il entre au séminaire de Saint-Sulpice, à Paris, mais il n'y reste qu'une année et demie, à cause de la mort de son père et de sa mère.

Rentré dans la maison paternelle, il gère les affaires tout en poursuivant ses études théologiques et obtient le titre de docteur. A vingt-sept ans il est ordonné prêtre, et se lie d'une étroite amitié avec le pieux chanoine Rolland, qui s'occupait de l'instruction des filles pauvres.

Le 15 avril 1679, il ouvre une école

chrétienne gratuite de garçons, à Reims, ensuite à Paris et dans plusieurs autres grands centres. Cette œuvre rencontre des difficultés qui auraient déconcerté tout autre fondateur moins zélé que M. de La Salle. Il est tourné en ridicule et même bafoué, surtout à Reims ; il en conclut qu'il faut avoir une abnégation absolue, et tout aussitôt il renonce à son canonicat ; il distribue son riche patrimoine aux nécessiteux, accablés sous le poids d'une étrange disette.

Ce double dépouillement était bien instructif et d'une grande portée pour ses disciples, dont il disait : « Ils ne se soutiendront qu'autant qu'ils seront pauvres. » A ses yeux, ce n'était point encore assez pour rendre durable son Institut, il s'imposa des austérités telles que peu de saints l'ont surpassé à cet égard.

Malgré les vertus éminentes de M. de La Salle, il n'y a sorte de contradictions et d'épreuves auxquelles il n'ait été en butte, même du fait de chrétiens animés des meilleurs sentiments. Il fut obligé de soutenir son Institut devant plusieurs juridictions. Quelques-uns de ses disciples l'abandonnèrent. A Rouen, où il avait établi son noviciat, il fut traité durement par son propre évêque qui avait accueilli trop complaisamment les plaintes assez peu fondées d'un des curés de la ville, M. Jarrier.

Celui-ci, emporté par un zèle exagéré en faveur de ses paroissiens, croyait pouvoir exiger de M. de La Salle qu'il conduisît si fréquemment sa communauté aux offices paroissiaux, que la chose ne pouvait avoir lieu qu'au détriment de l'Institut et devenait presque impossible.

Enfin, après avoir consacré une

quarantaine d'années à la cause de l'instruction populaire, et mûr pour le ciel, il rendit son âme à Dieu. Mais, suivant l'expression du poète, *il ne mourut pas tout entier, la meilleure partie de lui-même lui survécut,* je veux dire ses vertus, ses leçons, ses exemples, *ses écrits : Les Douze Vertus d'un bon maître, La Conduite des écoles chrétiennes, La Civilité,* etc., ouvrages précieux dont l'esprit forme les Frères et les maintient dans la ferveur et le dévouement.

ÉPILOGUE.

A présent, tendre et généreux ami de la jeunesse, habile instituteur de l'enseignement simultané, zélé fondateur de ces modestes, mais utiles académies, justement appelées *Écoles chrétiennes*, vous qui ne cesserez de vivre dans le souvenir des hommes par les innombrables bienfaits que des milliers de mains, héritières et dispensatrices de votre savoir, de votre zèle, de vos vertus, répandent avec tant de profusion sur toute la société ; vénérable de La Salle, soyez à jamais béni, soyez à jamais célébré *par les pères et par les enfants*, et que les accents de leur religieuse gratitude retentissent *de génération en génération !* (JOEL, c. 1.)

Agréez la faible esquisse que je viens de tracer des vues élevées qui vous distinguaient, de vos profonds aperçus en matière d'éducation, ainsi que des sentiments sublimes d'abnégation, de dévouement, que vos leçons et vos exemples inspiraient à vos disciples en faveur des enfants du peuple ; disciples qui, dominés, comme par une force surnaturelle, dès le début de votre œuvre régénératrice, ont accompli des prodiges de charité, et continuent, par leurs travaux et par leurs succès, de signaler à l'attention, à l'admiration publiques, votre impérissable Institut, dont les fruits s'étendront à tous les peuples sur lesquels le christianisme exerce son heureuse et pénétrante influence (1).

Mais voici l'ancienne capitale de

(1) Voyez Note quatrième, à la fin du vol.

la Normandie, glorieuse gardienne de vos restes vénérés, intelligente appréciatrice de votre mérite, qui va vous décerner les honneurs insignes d'une statue monumentale. Voici également la presse qui, avec ses mille voix, redira longtemps et par delà les plus lointains horizons de nos continents, la grande, l'éclatante et légitime manifestation...

Enfin, à une époque peu éloignée, nous en avons la confiance, l'Église, après ses longues assises, après ses délibérations si éclairées, si sages, décernera au pieux Fondateur des écoles chrétiennes d'immortels triomphes, et posera sur son front la couronne des saints. Car sa réputation de sainteté s'accroît de jour en jour. Le clergé de France a depuis plusieurs années, par l'entremise de l'épiscopat, exprimé au Saint-Siége ses invariables convictions, touchant l'apôtre du jeune âge. Aussi, dès l'an 1840, le 8 mai, Grégoire XVI l'a-t il déclaré vénérable et le procès apostolique se poursuit-il sans relâche. *Et laudem ejus enunciabit Ecclesia.*

On sait, au reste, que des faveurs miraculeuses sont obtenues par son invocation et que ses disciples nourrissent l'espoir d'être dûment autorisés à lui rendre un culte public, et alors, au souvenir d'une telle célébrité, loin de railler, comme, hélas ! cela n'arrive que trop souvent en pareille occurrence, le public approuvera.

Oui, « ceux qui ne tomberont pas à genoux devant le saint, applaudiront au moins à une de nos gloires nationales, l'homme supérieur par le talent et la vertu. Et c'est pourquoi la pensée de la ville de Rouen est digne des sympathies de la France et de l'univers civilisé (1). »

(1) *Vie de M. de La Salle.* Grange.

NOTES EXPLICATIVES.

NOTE PREMIÈRE.

Le chapitre de Reims était l'un des plus illustres de France ; il tenait le premier rang après l'archevêque. Il comptait huit grands dignitaires, savoir : un grand-archidiacre, un archidiacre de Champagne, un prévôt, un doyen, un chantre, un trésorier, un vidame ou administrateur des affaires temporelles du chapitre, un écolâtre ou chef d'école. Ce chapitre avait cinquante-six chanoines, soixante-un chapelains établis pour acquitter les fondations, quatre grands-prêtres et quatre sacristains.

Le décanat et l'écolâtre étaient électifs ; les autres dignités étaient à la nomination de l'archevêque.

Le chapitre de Reims avait reçu de grands

priviléges du pape Urbain II, qui avait été chanoine de cette métropole ; d'Adrien IV, d'Adrien V, qui en avaient été archidiacres.

Au huitième siècle, saint Rigobert prescrivit une règle aux chanoines qui vécurent en commun jusque vers l'an 1192.

Avant 1789, trente-un chanoines avaient été nommés à des évêchés, vingt-un avaient été archevêques de Reims, vingt-un revêtus de la pourpre romaine, quatre étaient montés sur le trône de saint Pierre, sous les noms de Sylvestre II, Urbain II, Adrien IV et Adrien V.

Le costume des chanoines était magnifique ; en été, c'était le camail violet avec l'aumusse ; en hiver, c'était le grand camail bordé d'une riche hermine.

Note Deuxième.

Déjà, à la date du décès de M. de La Salle, malgré toutes les entraves inimaginables, étaient fondés vingt-deux établissements qui faisaient tout le bien désirable et donnaient, pour un prochain avenir, les plus consolantes espérances. Le nombre s'en accroissait successivement, et s'était élevé en 1789, époque de la Révolution française, au chiffre considérable de 121.

Note Troisième.

M. de La Salle avait, en fait d'écoles, créé, réformé ; il tenait haut et ferme le drapeau du progrès scolaire qui lui devait déjà un si bel épanouissement ; qui sait si, à ces titres divers, indépendamment des exigences outrées de M. le curé Jarrier, il n'avait pas eu le malheur d'être desservi auprès de Sa Grandeur, par les partisans de la routine. . . . .

Quoi qu'il en soit, la mort mit fin à tant de combats, et couronna par les récompenses qu'elle méritait, une vertu aussi éprouvée !

Note Quatrième.

L'Institut fut approuvé en France, dès 1720 ; et cinq ans après, il reçut, ainsi que les statuts qui le dirigent, la sanction de Benoît XIII.

Louis XIV se plut à lui accorder de grands secours.

Louis XV, par lettres-patentes (1723), l'admit au rang des corporations religieuses reconnues par l'État.

Le 8 mai 1806, Napoléon Ier annonce, en plein Conseil d'État, l'intention de donner une existence légale aux Frères des Écoles chrétiennes, et s'en exprime comme suit :

« Je ne conçois pas l'espèce de fanatisme « dont certaines personnes sont animées « contre les Frères ; c'est un véritable pré- « jugé. Partout on me demande leur éta- « blissement ; ce cri général démontre assez « leur utilité. La moindre chose qui puisse « être demandée par les catholiques, c'est « sans doute l'égalité, car trente millions « d'hommes méritent autant de considéra- « tion que trois millions. »

Les gouvernements qui se sont succédé depuis n'ont point hésité à reconnaître une

Congrégation qui voit sa popularité gagner de jour en jour, et ses maisons se multiplier à un tel point que déjà, au commencement de 1841, elles atteignaient le chiffre de 358, et en 1871, celui de 1,130. Ce dernier nombre d'établissements comptait 9,817 Frères enseignants et environ 300,000 élèves.

L'auteur le plus souvent cité, assure que « les Frères comptent aujourd'hui en France seulement plus de 1,300 écoles, qui comprennent trois, quatre, cinq, six classes et même plus. Elles sont fréquentées par plus de 300,000 élèves, et l'éducation y est donnée par 8,000 maîtres.

« Ces écoles sont de diverses natures : il y en a pour les enfants, pour les apprentis, pour les adultes, et même pour les soldats. Les unes sont ouvertes le jour, les autres le soir, d'autres le dimanche. Il y a des écoles d'externes, des pensionnats, des orphelinats. Dans les unes, on ne donne que l'enseignement primaire élémentaire, dans d'autres l'enseignement primaire supérieur, dans d'autres enfin, l'enseignement technique ; mais toutes ne représentent que des branches multiples de l'enseignement du peuple, tel que le vénérable de La Salle, au début même de l'Institut, l'avait compris et établi.

« Ce n'est pas seulement en France que les Frères exercent leur zèle. Ils ont des établissements dans le monde entier. »

. . . .

Ainsi considéré, l'Institut Lassallien compterait environ 10,000 Frères, enseignant 400,000 élèves.

TABLE.

PREMIÈRE SECTION.

Vie de M. de La Salle.

DEUXIÈME SECTION.

Ouvrages de M. de La Salle.

TROISIÈME SECTION.

Les disciples de M. de La Salle et leurs imitateurs.

Annecy, ancienne impr. Burdet, Niérat et Cie, successeurs.